불을 느낀다

불을 느낀다

남정국 시집

시집을 내면서

깊이 가라앉은 기억을
새삼 불러내며…

 내 동생 남정국(南正國)은 1958년 12월 21일 부산에서 태어나 1978년 11월 4일 경기도 대성리 북한강에서 만 20년의 삶을 채우지 못하고 이 세상을 떠났다.
 사고가 난 다음 날인 일요일 아침 서울 잠실에서 허겁지겁 택시를 잡아 강서구 신정동 오빠네로 오신 할아버지는 동생의 사고 소식을 끊어지는 단어들로 알렸다. 놀란 어머니와 함께 청량리역에서 경춘선을 타고 대성리에서 내려 강가로 다가갔을 때 들었던 첫 마디는 동생을 찾고 있다는 얘기였다. 물을 가리키면서 하는 그 이야기는 참으로 낯설었다. 평평한 물만 보이는 곳에서 어디 무엇이 있다고 사람을 찾는단 말인가. 그로부터 일주일을 수색한 끝에 동생은 다시 생전의 모습 그대로를 드러냈고, 차가운 강물 탓에 심장마비로 사망해 물을 먹지 않아 몸체는 붓지 않았다고 했다. 다만 이 세상 사람이 아니라는 사실은 이제 뒤집을 수가 없었다.

그로부터 46년이라는 시간이 흘렀다. 당시 동생의 황망했던 떠남에 함께 슬퍼했던 우리 가족은 아주 단출해졌다. 할아버지, 할머니, 아버지에 이어 맏이였던 오빠도 50의 나이에 병으로 사망했다. 동생에 이어 오빠까지 앞세웠던 어머니는 2014년 89세로 가슴에 맺힌 한을 내려놓으셨다.

동생이 남긴 일기와 시편을 모아 친구들이 유고집을 발간했다. 사고가 난 날로부터 10개월 정도 지난 시점에 나온 그 책을 난 그저 담담하게 들춰보았다.

두 살 터울인 동생과 나는 함께한 시간이 길지 않았다. 어릴 적에도 초등학교를 할아버지 댁에서 다녔고, 주말에만 집으로 와서 지냈다. 많은 시간을 함께하지 못했던 탓에 별로 싸운 기억도 없을 정도였다. 큰 다음 다시 함께 산 기간은 고등학교를 다니던 동생이 서울로 전학을 왔고, 그 뒤 대학교에 들어가 사망할 때까지 2년 남짓한 시간이었다.

그래서일까. 가족이고 누나이지만 나는 가까운 친구보다 동생에 대해 아는 것이 많지 않다. 또한 내가 지금 동생에 대해 기억하고 있는 것이 정확한 사실인지, 어떤 의미를 갖는 것인지 전혀 헤아릴 수 없다. 다만 어느 때 불쑥 기억이 떠오르면 그동안 무심히 지나쳤던 모든 시간이 갑자기 상당한 무게감으로 마음을 누르는 듯한 느낌은 가끔 겪을 수 있었다.

새로 시집을 펴내기로 결정한 뒤 친구들이 소박한 마음으로 꾸렸던 문집을 새삼스레 출판물의 틀을 갖춰 내는 것이 괜찮을지 한편으론 걱정되기도 했다. 다만 스물이 되지 않은 나이에 그런대로 문학적 완성도가 느껴지는 시편들을 새삼스레 읽다가 조금 더 오래 이 땅에 머물면서 작품을 좀 더 많이 창작했더라면 그의 시가 조금은 더 많이 알려지지 않았을까 하는 아쉬움에 빗대 그 걱정을 좀 누그러뜨려 볼 생각이다.

동생의 작품을 처음 읽는 사람들이 어떤 평가를 내릴지 알 수 없는 일이다. 바라건대 시를 좋아하는 일부 사람들이 그냥 구석에 치워두지 않고 가끔 들여다보는 시집이 되었으면 좋겠다.

한 사람의 죽음을 떠올릴 때 가장 크게 자리하는 것은 역시 슬픔일 것이다. 이제 흐를 만큼 흐른 시간 속에서 슬픔이라는 단어는 별다른 의미가 담겨 있지 않은 무색무취한 용어에 불과하다. 그러나 당시에 겪었던 지극한 슬픔의 가느다란 한 자락이 아주 가끔 불쑥 솟구치면 뜻밖의 힘에 감정이 휘둘리기도 한다.

혹시 동생이 이번 시집 발간을 두고 편안하게 쉬고 있는 자신을 새삼스레 왜 불러내 소란을 겪게 하느냐고 투덜거리더라도 그 슬픔의 힘을 눅이기 위해서라고 하면 어쭙잖으나마 변명이 될까.

책 출간을 제의해 주신 이재욱 문학뉴스 대표, 가장 친한 친구였던 김강석 KPI뉴스 고문, 고등학교 문예반 선배였던 안상호 한국일보 미주본사 논설위원, 해설을 써주신 백학기 시인에게 진심으로 감사의 말씀 전한다.

남인복
(문학뉴스 편집인)

차례

시집을 내면서 _4
깊이 가라앉은 기억을 새삼 불러내며… / 남인복

I 시
이반 데니소비치의 밤 _13
수양버들 _14
흑선풍 이귀 _15
춤 _16
어떤 풍경 _18
독백체 6 _20
독백체 7 _22
독백체 8 _24
알겠습니까·가겠습니다 _26
봄·밤·가랑비 _28
밤 _29
돌아오라 쏘렌토로에 부친 하나님의 말씀 _30
답장을 기다리며 _31
수꽃이 암꽃에게 _32
어둠 속에서 _33
불을 느낀다 _34
주점(酒店)·밤 _35
시말서(진정서) _36

사랑은 _ 38

여름 · 하오(下午) _ 39

십대(十代) _ 40

죽음이 오네요 _ 41

착란과 이유 _ 42

따가운 유월(六月) _ 44

사랑 타령 _ 46

나무 _ 48

시계(視界) _ 50

Ⅱ 초고 · 메모 _ 51

일기

후기

그를 한 권의 시집(詩集)으로 남긴다는 것 / 한성수 · 김주영 · 김강석

Ⅲ 해설 _ 89

'고통'을 통해 '별'에 이른 시인 / 백학기(시인 · 영화인)

Ⅳ 부기 _ 107

46년 만의 해후… 뒤늦은 고해성사 / 김강석

마지막 여덟 달의 존재 증명 / 이재욱

국이와 그 친구들에게 / 안상호

I

시

이반 데니소비치의 밤

춥구나. 오늘은
영하 삼십 도에 몸을 굴려서
하루 종일 바락크를 세웠다
밤이 자꾸 나를 올라탄다
나는 밤 속에 고개를 처박고
주기도문을 외웠다.

(1978년 5월)

수양버들

마치 그믐날 노동조합운동하다가 목 잘린 연놈들의 축 늘어진 어깨 마냥 휘휘 늘어진 수양버들아. 우리들의 변호인들이 변호를 한다. 왁자지껄 왁자지껄 어쩌고저쩌고 어쩌고저쩌고—결론적으로 무죄를 주장하는 바입니다. 무죄. 수양버들 그 축 늘어진 어깨는 무죄.

(1978년 4월)

흑선풍 이귀

일진광풍 대작할 제
흑선풍 이귀의 쌍도끼가 춤추나니
피를 찾아 울부짖나니
내 목숨에 가득한 피야
마를 새 없이 흘러 흘러서
이제는 정직하고 싶구나.

남색하는 놈의 야릇한 웃음 같은
나의 하루 세 끼가 부끄러워서
이 낮도깨비 같은 봄에 도끼날을 사모한다
목을 쳐다오
거짓 없는 진홍빛을 콸콸 쏟으며 죽게 해다오
허기와 가설이 질펀한 이곳에서
그만 돌아가게 해다오. 흑선풍아.

(1978년 4월)

춤

멋진 춤을 춰요

우린 입때껏

너무 헐벗고 굶주렸어요

쓰라린 안질(眼疾) 사이로 눈을 떠보면

오오 우리들의 세계(世界)라 불리우는 이 세계

어디가 처음이고 어디가 끝인지를

알 수 없어요 춤을 춰요

나의 영혼과 그대의 영혼이

회오리바람 돌 듯

섞어 돌아

아득한 하늘가로 올라가고파요.

오세요

그리고 우리 함께 울먹이며

잔을 들어요

한 떨기 외로운 꽃잎인

그대와 나의 몸에

가득한 눈물들을

흘려 비우기 위해

가슴 포개고 춤을 춰요.

나를 잊어버려요
난 당신을 잊겠어요
당신이 내가 되고
내가 당신이 되어
우리 이젠
씨족(氏族)의 성(姓)을 버려요
아아 바람이 불어와요
나무가 흔들려요.

별빛이 있어요
풀들이 일어서요
짐승들이 대답을 했어요
바스라져요. 모두가
당신도 그리고 저도 바스라져요
행복해요. 행복해요.

(1978년 4월)

어떤 풍경

시든 꽃, 버려진 자, 버림받은 자들이
희망처럼 나부끼는 모든 종류의 수사법을
불태우고, 저희도 또한 타면서
이제는 저희도 타면서 황천길로 떠나가누나.

변변찮은 식사와 겹친 피로
해진 의복, 덜 익은 한 잔 술
이웃에게 권할 것 없는 살림살이를
억울해 하며
황혼의 들녘, 그 언덕받이를
막 숨 거두는 투우처럼
이글거리는 눈동자로 버티어 선
내 이웃, 내 형제, 나의 사내여
우리는 다 같이 황천길의 동행.

이 세상 시든 꽃
버려진 자, 버려진 자들이
그네들의 수족과 짐을 묶어서

떠나는 마차 행렬

그런 풍경을 보았다

마음이 언짢다.

(1978년 5월)

독백체 6

— 5월초 토요일에 기우제를 준비하며 쓴 詩

봄날이지만, 지금은

지저분한 빤쯔를 갈아입듯

또한 풀들은 법석 떨며

제 몸들을 갈아입는 봄날이지만

젊은 너의 머플러가

기분대로 휘날릴

토요일 오후 4시지만

심심하다

심심한 온몸을 이끌고

나는 5월초에게 묻는다

나의 귀여운 두 조카놈들을 위해

희망처럼 피는 꽃과

평화처럼 살랑이는 바람의 안부를.

그런데 웬일인가 젊은 친구

5월의 위선, 5월의 허구

뜬소문 같은 5월은

피는 꽃과 살랑이는 바람 사이에
5월의 가뭄, 5월의 목마름.

거리에는
불편한 엉덩이를
뒤뚱거리며 걷고 있는 토요일
사람들은 쉴 것이다
5월의 가뭄 속에
피는 꽃과 살랑이는 바람 속에
수상하다 암만해도 수상하다

그렇구나
그렇구나
아아 5월의 위선
아아 5월의
일생의.

(1978년 5월)

독백체 7

− 불새를 꿈꾸며

아니다, 순아

그게 아니라 나는 불새가 되고 싶은 거다

활활 타며 날아가는 새, 아니면 불같이 붉은 새

온몸으로 허물어지는 새

허물어져서 자신을 이루는 새

그리하여 어떤 코뮤니스트의 깃발보다도 더욱더욱 붉게

나는 괴로워하고 싶은 것이다

피를 흘리고 싶은 것이다

자유롭고 싶은 것이다.

아니다, 순아

정말 그것이 아니라

나는 불새가 되고 싶은 것이다

빠알갛게 달아오른 아침 해 속에서

푸더덕거리며 잠을 깨는 새, 꿈틀대는 힘을

그침 없는 울음으로 뱉아내는 새

아주아주 뜨거운 새.

춥구나, 도와다오

아름다운 불새를 꿈꾸며

하루를 버리고 이틀을 버려도

비켜 가는 것뿐인데

도와다오

나는 자유롭고 싶은 것이다. 순아

내가 너의 볼을 만지면

그 볼의 온기만큼만, 그만큼만 순아.

(1978년 9월)

독백체 8

- 벗들에게

벗들아, 나의 벗들아
새벽같이 달려오는 말발굽 소리가 그리울 때
내가 나서 자라던 곳의 산과 바다와 함께
이따금씩 눈앞에 너울대는 벗들아, 나의 벗들아
군에 간다는 종서야, 정수야
밤을 들어 올릴 수 없어서
비겁하게 시를 쓴다는 강석아
우리는 이제 뜨겁고 뜨거운 핑계를 하나 가지자
비록 이 가을이
모질어지기에는 너무 힘겨운 계절이라 하여도
튼튼한 나무인 듯 몸을 세우고
천둥처럼 우르릉거리며 달려야 할
질기고 질겨서
핏줄같이 끊기 힘든
그런 핑계를 하나씩 가지자

술도 그냥은 마시지 말고
식어가는 가슴을 위하여

정당한 분노와 적개심을 키우기 위하여
캄캄한 신음과 함께 마시도록 하자
사실 그동안
우리는 너무 편하게 술을 마셔왔구나

벗들아, 나의 벗들아
우리들의 발랄한 성욕과 물욕을
배반당한 여자처럼 잊자는 것이 아니고
남들보다 잘 입고 잘 먹고 잘 자는 것을
부끄럽게 여기자는 것도 아니다
다만 젊었다는 것이
잎새에 이는 조그만 바람에도 괴로워하는 것이라면
우리는 그렇게 살자
그것으로 핑계를 삼아서, 캄캄한 신음과 함께 술을 마시면서
우리는 그렇게 살자, 그렇게 살자.

(1978년 9월)

알겠습니까 · 가겠습니다

I
알겠습니까
건성으로 오는 졸음과 같이
휘휘 늘어진 이 세상을
또한,
그 한 자락을 움켜쥐고
죽었다간 살고, 죽었다간 살고 하는
이 지저분한 목숨을.

알겠습니까
알겠습니까
뻘 속에서 몸을 여는 연꽃같이
잿빛이던 하늘에서 눈이 오던 것을
그 눈 맞으며 상대도 없이
홀로 벌컥 화를 내는
이 지저분한 목숨을.

II

오늘은 비 오는 날
늘푼수 없는 인간들을 위하여
하나님께서는 쓸데없이 비를 내리시고
또 그 빗속에 울게 하시고
이제는 아름드리 밤을 주셨네요.

어머니. 어머니
어떻게 살아야 이 자식은
떳떳한 외삼촌이 될 수 있을까요
어떻게 살아야 어머니의 아들은
황국(皇國)의 신민(臣民)이 될 수 있을까요
가겠습니다.
몸을 버리고, 마음을 던지고
그러고도 남는 마지막의 나를
한 번만 더 때려눕히고
아마도 저 밤을 걸으렵니다.

(1978년 3월)

봄 · 밤 · 가랑비

봄의 밤에 가랑비는 제격입니다
몸은 외로워서 밤 속에 눕고
또한 밤은 빗속에 눕는데
별안간의 소식처럼 눈물 나는군요
사람들은 너무 바빠서
자신의 외로움에 보내는 것은
어쩌다 마시는 술잔 서넛
봄의 밤에나 뿌려 보았죠.

보금자리는 귀중했어요
쓰라린 조국 같은 여자의 품도요
제가 맨처음으로 길을 잃었을 때의 어머니를 생각합니다
우물물처럼 깊게 일렁이던 그 그리움을 기억합니다
그런 기분이 이 봄밤 속에 살아서
제가 젖습니다
휘적거리며 젖습니다.

(1978년 4월)

밤

밤은 어디에나 어느 곳에서나
눈을 치뜨고 나를 감시한다
10년 된 류마치스처럼
끈덕지게 날 쫓아와서는
꼭 내가 죽어버리겠다고 결심을 할 때쯤이면
능청을 떨며 잠시 몸을 숨긴다
간악하고 잔인한 놈, 살쾡이 같은 놈
나를 죽여라. 이젠 죽여다오.
빌어먹을 새끼야 날 죽여다오
시대에도 밤이 있고
나같이 별 볼 일 없는 놈에게도
밤은 더욱 지긋지긋하게 있다
이것이 사실이다. 나의 소식이다. 안부다
류마치스 같은 밤
너의 온몸에 배를 깔고는 회충처럼
엎디어서 진액을 빨아먹는 밤. 밤.

(1978년 5월)

돌아오라 쏘렌토로에 부친 하나님의 말씀

아들아 내 아들아
돌아오너라 쏘렌토로
너의 면전에 북적대는 아픔들을
어찌하여 내가 모를까
여기의 동산은
향기로운 꽃이 만발하였으니
너의 곤한 목숨이 쉬일 곳이로다.

흑암이여
내 아들의 사지를 처매는
장막 같은 흑암이여
나는 태양의 아버지, 아들의 아버지니라
가문 날씨에 비를 보내듯
여기에 내가 빛을 내리나니
수고하고 짐 진 아들아
돌아오너라
쏘렌토로, 돌아오라 쏘렌토로, 돌아오라.

(1978년 4월)

답장을 기다리며

몸처럼 마음도 지칠 때

나는 밤을 느낍니다

밤의 밥상을 받습니다

답장을 기다리며

내 목소리를 보았는지

내 마음을 들었는지

혹은 우물물처럼 일렁이는

내 그리움을 간파했는지

오늘도 비는 혼자 내렸습니다

내일은 태양이 또 제 홀로 빛나겠죠

짜장은 눈물도 조금은 나는 멜로물 중에

나는 휘날리는 청춘이 부럽습니다

당신의 사랑을 둘러써 보고 싶고

며칠씩 굶어 쓰러지고도 싶습니다.

(1978년 4월)

수꽃이 암꽃에게

나는 기억하리라

당신의 이슬. 당신의 미소. 우리들의 죽음을.

씨를 받겠지

그 씨들은 다시 우리 아닌 우리가 되어

우리가 오늘 이렇게 흔들리며 흔들리며

서로에게 가려 하는 것처럼

그렇게 또 흔들리며 가려 하겠지.

(1978년 5월)

어둠 속에서

어둠이다

싱싱한 술 한 잔에 두 손이 달아오르면

떠오르는 아침 해 쪽으로

너의 창자를 들어 올리고

너의 사랑을 들어 올리고

너의 죽음까지 들어 올려라.

(1978년 5월)

불을 느낀다

불을 느낀다
발끝에서 머리끝까지
마침내 가슴으로 쳐들어가는
결심하는 자의 망설임
그의 광기(狂氣)를 듣는다.

(1978년 3월)

주점(酒店) · 밤

주점(酒店)의 쌍나팔이 울어대는 목포의 눈물로
몇 번이고 거듭 저은 막걸리 한 사발
지저귀는 모든 말씀의 목을 꺾고
이제는 아름드리 밤을 마시리.

(1978년 5월)

시말서(진정서)

눈을 감자.
숨겨진 길의 온전한 모습이
반갑게 뛰어올 때까지
그리하여 내가 즐겁게 길을
걸을 수 있을 때까지.

영영 눈을 감자.
쉽사리 일어서려는 정욕을 누르고
가파른 가슴을 쓰다듬으며 또한
한없이 기다리는 여인(女人) 모양으로
그리 별스럽지 않은 표정으로
그래 눈을 감자.

오소서,
어저께는
바람에 시달린 문창살 사이
비끔이 내보이던 오후(午後)의 울타리 안에
지난하게 펼쳐지던 우리와 우리, 그리고
타인들의 사이에서 빛나던

움직이던 생명의 걸음
헛되이 멈추어지기 전에

오소서,
날카로운 쾌감의 완벽한 해방.
지친 육신에 쾌감을 주어. 그러한
그 희열을 증정받아
참으로 완벽한 춤을, 또 춤을 추더라도
이 허황된 진실이 새기 전에
만인 위에 군림하는 궁극의 자태로
마침내 오소서.

(1978년 5월)

사랑은

사랑은

그래. 아마

너가 아니라 그대이지

내 심장의 가로무늬근을 가르며

너의, 아니

그대의 말총같이 싱싱한

머리칼이

살을 에이며 파고든다

나는 언젠가

나의 부끄럽던 안마당에 핀 수국처럼

흠뻑 젖은 채로 그댈 처음 뵈었어요.

(1978년 5월)

여름 · 하오(下午)

어쩔 수 없음이여
나도 너도 그대들도
오후(午後)를 부러뜨리며 체념의 거리에
거창한 만큼 허망한 단절의 부피.

하루하루를 살며 바빠하는 수족(手足)은
장차의 부재(不在)에 놀랄 것이며
모든 것을 여의는 슬픔은
어쩔 수 없는 슬픔으로 남아
이 산하(山河)를 적시고
꿋꿋한 현상(現象)
맑거나 흐리거나 하늘은
우리를 덮으며
해와 달과 별을 떠올리고
그러는 중에 늙어 온 우리의 피육(皮肉)만이
극진히도 홀로 수고했음을 알겠지.

(1977년 7월)

십대(十代)

알 수 없음으로 피어나는
무수한 꽃들의 최후에는
쓰라린 조국 같은 밤이 머물고
언제쯤 창은 햇살로 밝아져서
네가 안심할 수 있겠느냐

별빛 몇 개에 눈물을 흘리면
때 이른 부음(訃音) 몇 개가 책상에 놓여 있다
죽어서 이름만이 남은 몇 사람이
가을을 거닐고 있다.

(1976년 8월)

죽음이 오네요

참말로 죽을 것을 알면서
죽어서 아무것도 남는 것이 없을 줄을 알면서
그러면서 나는 사랑도 해보았네.

죽음이 거꾸로 서서 내 앞으로 걸어오는 모습이
눈앞에 선한 이즈음에도
나는 사흘 내리 먹고 자기만 하면서
시원한 고함 한 번 지르지 못하고.

그래요
죽음이 오네요
질긴 그물을 손에 쥐고
완강한 걸음으로 신작로를 걸어오네요.

그리하여 아무도 모르는 채
또 한 사람이 사라져갈
저 익숙한
정경.

(1975년)

착란과 이유

욕정(慾情)으로 달아오른 바람이라든지
부질없는 취기에 미쳐 날뛰는
밤 전부(全部)라든지.

돌아왔다고
그것이 만족(滿足)스런 구원(救援)이라면
밤은 내내 밤이 되어 눈앞을 어지럽히며
유동(流動)하는 여자
한순간의 착란(錯亂)으로도 모든 것이 미쳐 버리는가
미침은 서리맞은 참상이며
참상은 그 골격(骨格)이 뿔뿔이 흩어지더라도
참상.

기도는 항시 외도(外道)를 가지고 온다
그리하여 외도(外道)하는 밤에는
기도가 칼이 되어 목을 겨누며
아아 달아 달아 나의 팔목아
살 빠진 나의 팔목에는
세월을 기다리다 세월에 빠지는 소리

좋은 세월은 좋은 세월이다
온몸의 온 세포가 길길이 궐기하는
시간(時間)이다.

기진(氣盡)한 목줄기 위에
이 밤도 그림자로 꽂히는 구원(救援)
모든 것이 착란(錯亂)이며
더할 나위 없이 부르짖는 착란(錯亂)이며
호의호식하는 신(神)에 대한 반역(反逆)일 뿐이며
움직임은 꺼지는가, 시원하게 달려보지도
못하고 꺼지는 걸까.

(1975년)

따가운 유월(六月)

따가운 유월(六月)

오늘의 생활(生活)
그리고 당신은 하늘
아우슈비츠
그 하늘
선민(選民)들과 게르만인(人)의 가슴에
비끄러매어진.

남국(南國)의 의상실(衣裳室) 앞을 지나며,
목깃을 안쪽으로 집어넣은 나는
가느다란 손목을 잡고 싶은
그래도
선구자(先驅者).

땀과 비린내에 절어
오도 가도 못 하는 밤
별 하나를 입에 물고 얻은 피로는

따가운 유월(六月)에

비명 같은 이유(理由)로

또 다른 법정(法廷)에 나를 세우나.

(1975년 6월)

사랑 타령

철들 때부터 나는 무던히도 사랑을 투정해 왔는데, 요즘 와서는 잘 익은 호박 껍질마저 여자(女子)의 그것 색깔로 오인하곤 했다. 설움이 북받쳐 오를 때는 가로등에 머리를 맞대고 차라리 입을 꼭 다무는 것이 더 낫다고 여러 번 생각하면서도 아쉬워서 아쉬워서 한숨을 흘렸다.

「여보. 나의 배경(背景)이 어찌도 서럽던지…. 나는 또 시온에서 십 리나 더 떨어져 나왔다오.」

달은 울고 있었다.

왜 이렇게 되어야만 하느냐고 누군가가 외쳤으나, 군중(群衆)은 하늘하늘 주위를 맴돌기만 했다.

그러므로 군중(群衆)은 있으면서 없어진 메아리였고, 나는 구역질 날 만큼 그곳이 싫었으나 떠날 만한 독한 마음이 되지 못하였다.

「오! 하나님….」

정녕 이렇게 새벽녘마다 서글퍼야 한다면 차라리 숨가쁜 태양(太陽) 아래서라도, 온몸을 내놓고 빠알갛게 자결하라.

사랑 한 줌은 별 게 아니라고… 사랑 한 줌은 별 게 아닌가⋯.

그래, 여유 없는 생활(生活)을 한 죄(罪)로 난 사랑 한 줌을 놓아 버리자.

(1975년)

나무

항용 나는 나무에 생명(生命)이 없다고
생각하던 중에
약국(藥局) 옆의 어린 것이
내 가슴만큼 마른 것을 본 후
한층 더 생각을 굳혀 버렸다.

푸르던 날, 그녀의 심심한
미소를 받아 들고
간혹 도시민(都市民)의 얼굴을
멍청한 미소로 훑어 내리면서
약국(藥局) 옆의 어린 것을 지나칠 때는
문득 시간이 멈추었다.
여전한 모양의 물기 없는 껍질은
그제야 그녀의 입술로 통하고
해변의 가장자리를 가던
내 유년기(幼年期)와 닮아 보였다.

한참 땅을 짚고 맴을 돌다가
고개를 드니 하늘은 푸른데

나는 어린 나무 옆에서

그녀의 심심한 미소를 받아 들고

그냥 서 있었다.

(1974년 4월)

시계(視界)

평탄히 널려 있는 지면 위에
어지러운 마음을 널어놔 보면
그것들은 나의 시계(視界) 속에서
무한한 감정들을 모아 온다
밟고 밟아도 버틴 것은
그동안 추구해 온 일념의 미립(微粒)
상반되는 것을 모아 부신다
분말로서
나의 시계(視界) 밖을 날아간다
깨끗함을 고수하려는 집념의 반복
시계(視界) 속에서 본 마음을 회상(回想)하라
울퉁불퉁 삐져 나와 내 가슴이 아프다
작은 길을 꺾어 돌다 본 내 맘이여
시계(視界) 속의 맘이여
한 세계를 끄집어내어
거기에 대입시켜도
반항과 오열로써 내 시계(視界) 속을 구른다.

(1973년 5월)

II

초고·메모

일기

후기

초고 · 메모

1978년

- 눈물. 분노. 목숨을 기댈 데 없어서 날을 세웠어. 진땀을 흘리며 울었어. 차라리 이젠 돌아가고 싶어. 그대 가슴에 만발한 꽃동산. 꽃향기 속으로. − **사향(思鄕)**

- 오오 깊은 병이여. 모두가 잠들고, 나만이 내 속에서 깨어 있을 때 버려진 슬픔에 한번 더 울었노라. − **독백체**

- 사람을 울리는 공연한 서정도 울창한 고독도, 언어가 되지 못한 흐느낌도 결국 나의 벗이 아님을 찬성하긴 어렵다 하더라도 그들이 나의 살갗일 순 없어. 그들이 나의 들먹이는 핏줄과 한 몸이 될 순 없어. 세상은 모두 죽었지. 나는 혼자 걷고, 혼자 먹고, 혼자 잔다. − **독백체**

- 여기는 인간의 씨앗이 살 곳이 못 된다. 그래서 이별이 없는 곳으로 가려 한다. 그래서 눈물이 없는 곳으로 가려 한다. - 독백체

- 실향민에겐 어느 곳의 노을이든지 눈물이에요. 노을을 봤어요. 고갤 떨구고 걸었어요. 캄캄한 밤이 막 따라오고 있었어요. 별도 달도 그리고 나도 떨었어요. 아아 밤이 왔어요. 나는 밤 속에 죽어요. 어둡고 습한 밤이 내 등에 걸터앉아 마구 찍어대고 있어요.

- 사내여 일어나라. 너에겐 갈 곳이 있다. 갈 곳이 있다. 절뚝거리며, 갈기갈기 찢기우며 그래도 가야 할 곳이 있다. 헐벗고 억압당한 그 모든 것을 위하여 그 모든 것의 새벽을 위하여 그래도 가야 할 곳이 있다. - 가을의 어느 날

- 독백체 1~5까지를 잃어버렸다. 하지만 그 독백들은 어디 간 것이 아니라 나의 심장, 혹은 두개골, 혹은 콩팥, 혹은 십이지장, 혹은 위장쯤에서 맴돌고 있을 것이다.

- 내가 사는 곳은 너무 어두워서 나는 곧잘 병에 걸렸다.

- 늘푼수 없는 인간들을 위하여 하나님께선 비를 내리시고, 그 빗속에 울게 하시고, 이제는 울창한 밤을 주셨네요.

- 어쩔 수 없는 것. 인간의 한계. 봄의 밤에 깔리던 가랑비 같은 것, 마냥 술에 취해야만 했던 것. 인간의 내부에 깔린 비극적 요소. 인간에게는, 원래부터 비극적 요소가 있다. 있다.

- 나는 신(神)에게 바란다. 나는 신(神)에게 나의 분홍빛 마음을 드린다. 내 수족의 아픔, 내 그늘의 빈약함 모두 모두 비노라. 무미건조하고 재미없는 시대의 밤에, 졸고 있는 신(神)이여 나는 그대의 제자, 제자의 흐느끼는 울음소리에 그냥 잠들어 버리소서.

- 끝이면 끝이라고 말을 해라. 울부짖으며 미친 듯이 쏟아지는 어느 봄날의 햇볕 속.

- 밤이여, 밤이여, 너를 부르는 가련한 이 영탄법에서 이제는 부디 손을 씻게 해다오. 쥐새끼를 너무 몰아세우지 마라 밤씨(氏). 고양이씨(氏).

- 손창섭을 읽는다. 새벽 4시다. 새벽공기처럼 선선한 그의 슬픔.

- 감각 없음. 사랑 없음. 식욕 없음. 죽지는 않았음. 아니 죽었음. 해가 떴음. 아니 떴는지 모르겠음. 비가 옴. 오는 줄도 모르겠음. 버스 탔음. 기차 안 탔음. 소주 먹었음. 안주

는 안 먹었음. 담배 피웠음. 성냥은 빌렸음. 비가 확실히 옴. 비가 확실히 옴. 죽지는 않았음. 살지도 않았음. 빌어먹을 「음」.

• 소프라노 같은 아침이다. 파자마 바람의 꽃이 송구스런 낯빛으로 고개를 끄덕인다. 파리 목숨 같은 나의 심장에는 지금 몇 리터의 더운 피가 콸콸 흐르고 있는 것일까.

• 한 소년과 한 소녀를 추모한다. 그들은 어디에서 떠돌고 있는 걸까.

• 절망의 숫자는 13? 행운의 숫자는 7? 내 나이는 20? 내 몸은 민주적이고 내 정신은 다수결이어서 나는 아무래도 절망 쪽?

• 그리고 춤을 출 게야 불새의 춤, 그리고 노래할 게야 불새의 노래, 영혼이란 달콤한 모이 대신에, 순간이란 신맛의 술, 권할 테야, 춤추며 노래하며 너에게.

• 그렇다. 아무런 권력 없이 숨겨가는 이슬처럼. 몇 만의 말이라도 지워버려라.

• 적어도 나는 핑계 없는 무덤이다. 도대체 나에게 무슨 핑계가 있단 말인가. 핑계 다오. 핑계를 다오. Ad astra per ardua(고통을 통하여 별에까지).

• 아직은 인간을 생각하기가 덜 괴로울 때 사랑의 밭에다 쟁기질해 보렴. 일곱 번의 일흔 번을 용서해야 될 우리라는 이름이 되어 보렴.

• 아홉 켤레의 구두가 아니라 뜨거운 시(詩) 한 줄로 살아남기를 당부함!

• 헤프게 슬퍼하는 자는 가을이 오면 그 어디든지 고향일 게야.

• 몸을 던지고 마음을 던지고 그러고도 남는 마지막의 나를 또다시 때려 눕히고 선(禪)처럼 선(禪)처럼. − **선시(禪詩) 1**

• 오세요, 평화는 멀어요. 오세요 여기는 전장(戰場). 나와 너의 사지가 동강나 제멋대로 뒹굴고 가랑잎 같은 모가지들의 구슬픈 합창.

• 남자 이전에 여자 이전에 우선 인간다워야 하리라. 배반당한 기분이다. 그러나 포기하진 않는다. 악착같이 따라다니겠다. 지옥 끝까지. 지긋지긋하겠지.

• 속세(俗世)나 산이나 다같이 비었는데 너는 뭣하러 산을 가

느냐. 티끌 같은 목숨 하나 가누지 못해 푸른 나무 푸른 풀에 울러 가느냐. - 산행(山行)

• 어제 오늘 술 마신다. 휘영청 달빛처럼 어기여차 노 젓듯이. 허허로운 세상을 돌아다니느라 허해진 허파를 덥혀 채우려고.

• 형식주의 비평의 문제 (시에 있어서) 직관적으로 느낄 수 있는 시적(詩的) 참신성의 결여, 논리적 타당성이 문제에 지나치게 얽매임으로써 야기된다. 즉, 논리적 타당성이 가(可)하면 "시(詩)로서 별 무리가 없다." 하지만 좋은 시(詩)는 될 수 없는 것.

• 그대 입술의 루즈처럼 붉은 대낮을 헐떡이다가 고꾸라지다가 몇 마디의 비굴한 주정을 쏟으며 한밤을 홀로 밟았다. - 기억(記憶)

• 평화는 없을까. 구름처럼 표표히 흐를 수 있는 내 거칠은 심장을 씻을 강물은 말랐는가.

• 모두 모두 깨뜨려야 한다. 산산조각으로 부서져야 한다. 마지막으로 10만 원짜리 계마저 깨뜨리고 싶어라.

• 많은 이웃들이 억압당하고 있었다. 말할 수 있는 자유가 완

곡하게 그리고 확실히 부인되어 있었다.

- 내가 길 떠날 땐 숟가락, 젓가락, 강아지, 봉선화, 요강, 이불, 마누라, 곡괭이, 모두 모두 남겨놓고 그냥 떠날 겁니다.

- 끝났다. 이제는, 이제는 모든 것이 끝났다. 버릇없이 웃어제끼는 저 꽃들의 흔들림도.

- 그냥 잠들 수가 없어서 술을 마신다면 그것은 거짓말이 아니다. 한 여자를 알았는데, 그러고 나서 사랑하는데, 아니 알자마자 사랑했는데, 그 여자는 자꾸 머리, 골치, 가슴, 배 아프다고 하며 울먹울먹거리는데, 무능한 자신을 회고해 볼 때 가슴 아프고 아파서 잠도 안 오고 밥맛도 없고 좌우지간 괴로워서 술을 마신다면 그것도 거짓말이 아니다. 아아 이 세상에 거짓말 아닌 것 많아라. 눈물을 뚝뚝 흘리며 거짓말 아니다라고 말할 것 많아라.

- 미국 대통령 카터나 브레즈네프가 명령하면 원자탄이 날듯이 나도 나의 심장에다 명령하면 콸콸 쏟아지는 피를 한 바께쓰는 받을 수가 있다.

- 뱃창자를 쥐어뜯으며 달이 기운다. 억울하게 죽은 넋들이 서로를 달래면서 각자의 무덤으로 돌아서 간다. 핏빛을 두려워 말고 핏빛을 유치하다고도 하지 말아라. 나는 지

금 발톱이 부서지고 온몸에 유혈이 낭자한 짐승이다. 문 둥이다. 미친 개다. 죽으면 죽으리라. 수수께끼같이 저무는 목숨이여.

- 푸성귀처럼 싱싱한 삶의 잎사귀를 씹으며 유행가 일절을 멋들어지게 불러제끼기에는 밤이란 너무 흉악하지 않느냐.

- 선보다는 악을, 노력보다는 횡재를, 신앙에 대해선 성욕을, 우정 속에서는 위선을, 사랑 속에서는 이기심을 누누이 설명하며 밤이 배를 쑥 내밀 때 나는 고개를 처박고 주기도문을 외는 처녀의 속살을 훔쳐보며 암만해도 이번 공연에서는 햄릿 역이라고 외치며 벌떡 일어서서 만세, 만만세, 나의 완벽한 고통을 자축했다. - 어떤 배우와 그 배역

- 고통, 고통, 고통하면서 나의 수족(手足)이 밤을 새울 때, 쯧쯧 하고 혀를 차며 시계 바늘이 재깍일 때, 모세의 율법을 뒤적거리며 나는 속죄양을 찾았다.

- 아들아, 더도 말고 덜도 말고 무궁화 뿌리 같은 튼튼한 사내가 되어라.

- 내 심장은 마치 혼자 마시는 술이어라. 내 호흡은 마치 이미 끝난 목숨이어라. 푸른 팔뚝을 베어 넘기며.

- 세끼의 식사처럼 규칙적으로 허공을 손짓하는 당신, 부끄러워하며 부끄러워하며 하루를 버렸다. 이틀을 버렸다. 초개처럼. 혹은 아무 권력 없는 어느 이슬처럼 죽어가기를 연습해야지.

- 서두르지 마라, 서두르지 마라. 내가 죽을 때는 죽는다는 신호를 해주마. - 떠들어대는 어둠

- 우리들의 비는 왜 우울한가. 우리들의 음악은 왜 마이너의 음계만을 짚는가. 술잔을 건너서 그녀가 오네. 술에 젖어서 오네.

- 다음날의 아이들에게-이해해라. 너희의 앞사람들이 잘사는 나라 사람들은 인류애니 인류적 양심이니 할 때 민족 민족 하며 외칠 수밖에 없었던 수모를 이해해라.

- 이름이 범람하고 있고 또한 폭력에 의해 지배되는 현실에 있어서는 어떤 아름다움보다는 그 폭력을 풀기 위한 움직임의 고취가 훨씬 시급한 일이고 절박한 일이기 때문이다.

- 만인의 평등적 결합에 이르기 위한 투쟁의 대열에 참가해서 그 결합이 이루어진다고 할지라도 이루어지는 동시에 만인은 분열할 것이다.

- 시인은 첫째 자신에게 강제해서라도 몇 편의 동시를 쓸 의무가 있다. 둘째 진실할 것, 셋째 참신할 것, 넷째 첫째, 둘째, 셋째를 하기 위해 부단히 노력할 것.

- 질기디질긴 밤의 힘줄을 씹으며 억지 식욕을 끌어 올릴 때 달빛 별빛이 팔짱 끼고 걸어 내려오면 너는 그 푸석푸석한 가슴으로 대여섯 번은 망설인 것 같았다.

- 슬퍼하지 말아라, 나무야. 흐느끼지 말아라, 나무야. 옳지. 옳고말고. 그렇게 온몸을 흔들며 울음을 참는 거야.

- 이제는 아예 약탈당한 그리움으로 한 사나흘 괴로워하면 여기서 저기서 가을이 모이는 소리가 들려올 테지. 사라져 버릴 것을 결심하는 사람들 틈에 섞여 손바닥 가득히 가을이 모일 테지.

- 솔직해지기를 다짐해 보며, 벗들이여 사람들이여 새벽처럼 달려오는 말발굽 소릴 듣고 싶다. 어느 싱그러운 여자의 그리움같이 뽀오얀 가슴에 두루두루 마치 봄인 듯 차서 넘치는 그 순한 햇살들을 만지고 싶다.

- 달아, 산(山)아, 별아, 바람아. 오오. 우리들의 지상(地上), 우리들의 세상(世上)이다. 내가 죽으면 네가 묻어주고 네가 죽으면 내가 묻어주고, 묻어줌으로 끝나는 풍악이구나.

- 나도 널 포기해야겠다는 생각을 수십 번도 더했다. 하지만 포기 않는다. 딱 잘라버릴 용기가 없어서가 아니라 힘없이 물러서는 것이 수치스러워서다. 나는 이제 사랑뿐만 아니라 오기로라도 너한테 들이닥쳐야겠다. 쫓아다니다가 더 이상 못해낼 것 같으면 네가 더 이상 도망칠 수 없게, 그리고 나도 더 이상 쫓아다니지 않아도 되도록 한 곳에서 같이 죽도록 하겠다.

- 가을과 가을의 낌새를 남김없이 찍어 올리는 것은 역시 바람, 그 바람의 가장 한가운데에 온몸을 풀어 놓으면 한 걸음쯤 아니면 두 걸음쯤 떨어진 저만큼에서 옛사랑의 쓸쓸한 목덜미가 부서지면서 사라지면서.

- 우리들의 넉넉한 슬픔 위에 새로운 예루살렘을 세우고 벗들이여 밤마다 어둠마다 돌아가 기도하기를, 슬픔의 잎사귀를 씹으며 기도하기를 잊지 말아야겠다.

- 어중간한 도시 한 구석에 나서 자라고 국민학교 들어가고 중학교 들어가고 혹은 못 가고 또 고등학교 들어가고 혹은 못 들어가고 그리고 대학 들어가고 못 들어가고 해서 1978년 10월 현재 20대를 달리는 나와 나의 젊은 벗들은 어쩐지 어중간한 느낌이 든다.

- 참여나 순수라는 관사를 나의 문학(文學) 앞에다 붙이지 마

라. 나는 문학(文學)을 했을 뿐이다. 인간의 진실을 담길 원했을 뿐이다. 그리고 내 속에 들끓고 있는 자기 표현욕을 해소하고 싶었을 뿐이다.

- 모름지기 현대의 문학은 인간 소외에 대하여 쓰지 않으면 안 된다. 인간해방, 인간 회복의 문학.

- 언어라는 것이 인간 상호 간의 관계에 있어서 불가능한 것을 가능하게 하고 대항적 자세에서 융화적 자세로 전환시키는 등 하나의 이해 수단으로 혹은 표현 수단으로 가장 확실하며 구체적인 것이긴 하지만, 아주 결정적인 순간에 가서 언어의 허약함 혹은 안타까움 등이 노출된다. 그러면 그런 순간의 언어는 무엇이 될 것인가? 사랑이다. 사랑의 눈으로 보면 무엇인가 다 전달될 것 같고 사랑의 가슴이면 무언가 다 와닿을 것 같다.

- 분노를 축적시켜라. 적개심을 채곡채곡 쌓아두어라. 그리하여 너의 어머님과 누이가 능욕당하고 너의 아비와 할애비가 목잘려 팽개쳐질 때 두어 나라쯤은 그냥 집어삼킬 듯한 해일로 몰아치거라.

- 더럽고 지저분한 이 땅덩어리 위에서 어렵고 어렵게 살아온 너와 나의 노고를 위해 어떻든 한 번쯤은 사랑해 보렴.

- 곧 겨울이 오겠다. 앞으로는 좀 더 외로워질 것을 다짐해 본다.

- 솔직히 세계는 헐겁게 매어진 혁대처럼 빈약한 가슴에서 덜걱거리고-그때마다 정중히 인사하는 여자에게 그대가 아니어도 미안한 생각이 난다.

- 그 서러운 낌새를 분위기로 대뜸 알아야 한다. 오직 저물어 가는 하늘과 땅. 거기 외롭게 서 있는 멸망의 눈빛.

- 출신과 내력을 잊고 다시는 이력서를 쓰지 말라. 아무도 눈치 못 채도록 아주 빠른 속도로 죽을 것이므로.

- 그리고 피눈물 나는 자유여. 모두가 자유로워져서 모두가 투신자살쯤 하는 이곳의 최종적 풍경. - 어둠 속에서

- 배암의 혀 같은 불길 위에서 춤추어라. 눈을 감고 춤추어라.

- 잃어버린 근육의 그 활기찬 움직임이 가만히 나를 본다. 어차피 오늘은 바람이 저렇게도 쓸쓸한 걸.

- 말하지 않음으로 더욱 뚜렷한 빛나는 그대 영혼의 모습 아래 그대 눈은 마침내 모든 것을 말하고 또한 모든 것을 가르치고 그리하여 가을같이 정결한 모습으로.

- 굳건한 저 하늘의 아래에서 나는 이제 고개를 숙인다. 늠름하게 서 있는 죽음의 용태(勇態) 앞에 감히 움직일 수 없다는 이 뚜렷한 사실(事實)을 심하게 떨면서라도 아니 인정해야지. 고개를 끄덕여야지. - 착란(錯亂)의 끝

- 오목렌즈 속에 안기는 표정(表情)은 그저 별이 흐르는 밤을 거닐고 괜히 허투루 사는 것 같지만 비명을 지르는 의식(意識)은 그래도 천국(天國)이 있을까 싶어 저물녘 강둑을 소일하고 있다. - 자화상(自畵像)

- 구성진 가락을 구성지게도 뽑아대던 당신은 벌써 이국(異國)의 혼(魂)이 되었겠습니다. 처참한 생활 속에 처참하게도 이어가던 당신은 이미 기진한 한 마리의 나방이 되었겠습니다. - 밤에 쓰는 시(詩) 1

- 가난한 지붕을 이고 살더라도 나의 친근한 풍경에는 별빛이 내리고 내 그대를 사랑하리라 빛도 없이 사라지는 영혼이 되어. - 밤에 쓰는 시(詩) 3

- 가난한 나의 애정(愛情)은 지금 당신의 볼에 풍요한 여름을 줄 수 없으며 이 밤은 그저 울 수만 있는 밤이다. - 밤에 쓰는 시(詩) 4

- 나는 일하고 너는 아이를 기르라. 너는 꿈처럼 아늑한 나의

아내이고 나는 오직 하나인 너의 주인.

- 남자가 우는 꼴은 참 사나워요. 골목길을 울며 가던 그 사람은 남자라서 참 사나워요. 외로운 밤이 되면 남자들은 모두 술 먹는 사람이 되어요. 그래서 사랑하는 여인은 더욱 더 울먹이는 가슴이 되어요. - 남자가 우는 꼴

- 이 엄청난 비애(悲哀)를. 감히 어쩔 수 없는 이 확고한 비애(悲哀)를. - 허깨비의 비애(悲哀)

- 사랑은 도취를 위한 춤인 것을 알겠지. 그런데 도취를 위한 춤인 이외에도 그것은 그대로의 너무나도 생생한 희열을 가진 의식으로서 존재하기도 하지. 모든 것이 달아나 버린 그 빈 공간에 그 자체와 질서와 법칙을 가진.

- 도취 그리고 몰입(沒入). 얻어지는 뚜렷한 감각이란 것도 따지고 보면 허망한 것. 죽음-그 잔혹한 단절(斷絕)에서 또는 비현실태(非現實態).

- 그 여자의 앞가슴에 붙은 것은 바로 매끄러운 기억일 뿐인가. 그 커다란 단추 둘은 서로를 빛낸다. 그리하여 스러진다. 사라진다. 아아 하늘의 끄트머리서 빛나는 별로 나른다. - 뿔단추 2개

- 한가로운 옛날에 오늘을 예측했던 것처럼 나는 돌로써 무지개를 만들었으니, 가장 높은 봉우리에 걸어두어도 아름다움을 잃지 않을 나의 아내.

- 단편소설(短篇小說) - 실연. 패배(Paradox 발생)

- 철저히 복수하는 것은 내가 그녀를 나의 생존 의지로 삼았기 때문. 가장 사랑했기 때문. 의미에의 의지가 발동했기 때문.

- 꿈이었다. 그것은 확실히 꿈이었다. 지금은 저 북만주 벌판의 한 귀퉁이에서나 살고 있을 여자여, 오늘 아침 색깔은 그런 힘에 겨운 호흡이다. - 죽음 앞에서

- 찰나를 살다 간 나의 생명 위에 어지럽게 꽂히는 나의 여자여.

- 이 밤에는 길바닥에 드러누운 어둠의 어깨를 짚고 모처럼 그대 눈과 나의 눈만이 만나서 속살거리며 이야길 하네.

- 말하지 않음으로 더욱 뚜렷한 빛나는 그대 영혼의 모습이여 지난밤에는 그러나 눈은 마침내 모든 것을 말하고 또한 모든 것을 용서하고 그리하여 가을처럼 정결한 모습으로 길 떠나는 욕정(慾情)을 배웅하며.

- 내가 가더라도 아이야, 너는 울질 말아라. 본래 엄청난 고통(苦痛)이란 것은 한 줄기 탈출(脫出)의 길을 열어놓고 덤빈단다.

- 지나려다 닿은 곳 너를 본다. 수많은 생명이 길게 길게 목을 내밀곤 초조히 내디딘 자국들. - 문(門)

- 지겨워 않는 곳이 나를 반길 때, 나는 이색적인 것의 발견에 놀라며 눈을 빛낸다. - 심전(心田)

- 시간이 지난 뒤의 흔적이 내 눈에 보여 나는 그것을 집어 들고 조용히 곡한다.

- 나의 여로(旅路)엔 싱싱한 상록수 한 그루 없다. 울며 가는 외로운 영혼뿐. - 여로(旅路)

- 흐릿한 머릿속의 괜한 희망이 현실과 부대껴 나는 슬프네. 소년의 성취는 어른이라고. 소년을 잃고 싶잖아 나는 안타깝네. - 작은 소망

- 검은 도시의 길은 어둠이 있어서 끝없다. 검은 도시는 하늘도 땅도 건물들도 다 어둡다. - 검은 도시

- 못 푼 마음 사려잡고 난 운다. 돌아도 휘저어도 닿는 곳은

없다. 모두들 돌아누워 난 슬프다. 슬퍼 슬퍼 난 안타깝다. 이대로 안타까운 채로 죽을까 봐 난 초조하다. 초조함이 날 짓누르면 난 침통한 신음밖엔 달리…… 여기서 빠져나가려는 용기, 노력도 없다. 아니 난 그런 힘이 없는 폐물. 이래서 난 한층 슬프다. 신도, 인간도 날 외면하는가. 공평하다는 신 앞에 가고 싶으나 난-.

- 내가 좋아한 것은 언젠가는 취하고 싶은 평안(平安)한 생활(生活)인데 이젠 멀리 여행(旅行)을 떠나야 할 형편이다. (1973년)

- 바람은 또 모든 것을 부른다는 것을 알고 있으므로 나는 외출(外出)도 할 것이며 그러나 정신을 잃고 집으로 돌아오던 길에서 나는 기어코 여자를 피하였다. (1974년)

- 고개를 숙이렴. 쓸쓸한 바람과 변하지 않는 하늘의 푸른 빛을 도무지 이해할 수 없는 피와 살이여. (1975년)

- 기구하게 비가 내리면, 또 그렇게 바람이 불면, 거닐어야지. 저쪽은 왠지 황량한 지상의 동네. (1976년)

- 권태 발광 착란. 구원의 손길은 잘렸다. 흥분하라. 죽어 있는 것들, 가장 전위적으로 발광하라. (1977년)

일기

아름답고 영롱한 것은 내게 어울리지 않았다
〈1976년 5월 15일. 토〉

 떠나왔다. 그리하여 혼자가 되었다. 알고 싶은 것을 배우고 하고 싶은 것을 하리라. 세상이 말하는 아름답고 영롱한 모든 것은 내게는 줄곧 어울리지 않았다. 슬프면 슬픈 대로, 한낱 미약하고 처량하기가 짝이 없는 그런 인생을 살게 되더라도 나는 계속 생각하리라. 생각하여서 가치 있는 진리를 포착하고 싶다.

 서울역으로 갔다. (엄마 소금 사러 간 사이에 급히 뛰어나왔다.) 어디로 갈까 망설이다가 가장 빨리 출발하는 장항선을 탔다. (15시 35분 발) 천안삼거리가 생각나서 천안까지 끊었다. 기차가 연착해서 1시간가량 늦게 도착, 역 앞 식당에서 메뉴를 보니 냉면이 눈에 띄었다.
 기찻간에서―앞에 앉은 대학생 투의 놈이 한참 가다 교대하여 앉자고 호의를 베풀었다. 고등학생이냐고? 아니 재수한다고 했다. J학원에 다닌다느니, 그래도 J학원이 제일 낫다느니. 자릴 비운 새 옆에 앉은 계집과 이야기 주고받고 있었다. 제길 밸이 약간 꼴렸다. 나중에 헤어지면서 자기도 작년에 재수했는데 열심히 하라는 둥――

천안에서 시외버스 탔다. 가장 사람이 덜 복작거리는 데 내려달라고 했더니 눈을 반짝이며 재미난 듯이 쳐다보았다. 내린 곳은 신평. 무턱대고 어둑한 길로 들어서려는데 웬 아줌니 둘이 동행하자 한다. 길이 어둡다고. 여러 가지 물으면서 신평장터에 왔다. 모레가 장날. 구경했으면 싶다. 품팔이에 대해서 아줌니에게 물어보니 일단은 1,200~1,300원. 제법 후하다. 게다가 오는 20일부터 모심기를 시작한단다. 가을까지 눌러 있어도 되고 먹여 주고 재워 주고 심지어 담배까지 제공. 아! 아! (꺼!) 그래도 시골 인심은 살아 있구나 하는 느낌을 여러 군데서 발견할 수 있어서 좋았다. 모쪼록 잘 얻어걸려야 할 텐데. 일거리가 말이다. 그리고 주인 나리도 좋은 분이었으면… 흐!

장터의 여인숙(「당산」인가 싶다) 역시 사람들이 좋다. 그런데 방값이 좀 비싼 듯싶다. 700원. 깎지 않고 다 주었다. 올 때 빠뜨렸던 치약 칫솔 240원 주고 샀다. 주인아줌마가 대번에 방도 닦고 불도 땐다. 불은 수고스럽게 땔 필요 없다 해도 그래도 조금은 때야 된단다. 물도 따뜻한 물을 갖다준다. 씻었다. 술 한잔 하러 밖에 나갔으나 그럴듯한 술집이 없어서 그냥 돌아왔다. 그래서 변소 갔다 온 지금 일기를 쓴다.

오만가지 생각이 머릿속에서 요동친다. 어지럽다. 마음이 심란하다. 이래선 안 되지. 앞으로의 생활에 재밀 붙여야겠다. 어서 안정이 되얄 텐데. 방 한 칸 얻었으면 좋겠다. 살림을 차렸으면. 그러면 생활은 안정될 것 같다. 내일은 들로 나가봐야겠다. 참, 아까 손톱깎이 빌려 달라니까 밤하고 어디로 떠날 때는 안 깎는 법이라고 내일 아침 깎으란다. 나도 그건 전부터 할머님께 들어 알고 있는 바여서 새삼스러웠다. 그런 걸 알면서 부탁했다.

〈감아라 감아라 눈을 감아라 섬광처럼 명멸하는 너와 나의 목숨 사이. 그러면 홀몸의 나무 한 그루〉

내일 할 일 ①손톱 깎기. (+발톱) ②잉크 한 병 구했으면 싶다. ③들로 나가는 길 수소문 →"정착"

4,000원하고 700원 그리고 잔돈 몇 십 원 남았다. 집에서 7,040원 들고 나왔다. 4,000원은 빽 속에 찡박아 넣었다. 빽을 안 잊어먹도록 부디 주의하시압.

추가: 방에 있는 허름한 경대 서랍에 소년중앙 두 권. 거기 첨가된 부록 있어서 보고 잘 거다. (22시 34분)

시골길을 달리는 기분은 색다른 맛

〈1976년 5월 16일. 일〉

눈을 떠보니 누운 꼴이 엉망이다. 타관에서의 첫날밤이라서 그런가 보다. 설사를 했다. 어제 냉면 먹은 게 암만해도 거북하더니만 결국 배탈이 난 모양이다.

들로 나가면서 수소문 결과, 은경네 집이라고 부르는 이곳에 있게 되었다. 주인은 35세의 농부 아저씨. 부모 돌아가시고 고등학교 졸업하고 일을 할까 해서 시골로 들어온 남정국이라고 소개 올렸다.

  종일 인도 사과나무 「적과」 작업을 했다. 팔이 아팠다. 온종일 바람이 불었고 저녁때엔 제법 오슬오슬하니 몸이 떨렸다. 장사하는 데 대해서 지금 혼자 생각해 보는 중인데 마구 막혀 버리고 만다. 발견하리라. 기어이 발견해서 용감하게 뛰어들어야지.

  시골 밥이라서 상당히 푸짐했다. 참, 아침은 장터에 있는 식당에서 했는데 주인아줌마가 산청군 사람. 즉 경상도였다. 그래서 한마디 건네었다.

  이 집은 매우 바쁘며 농토도 상당히 가지고 있다. 논에서의 적출량이 백미 50가마. 그리고 각종 사과나무. 밭 1만 평. 인삼, 고추, 담배(?) 등등. 작두질도 해보았다. 소여물을 썰었다. 주인아줌마가 웃는다. 생전 안 해봤지유 하면서. 저녁에 장터에 자전거 타고 갔다. 잉크와 이 집 애들 과자 사주러. 사내아이가 아버지가 약 지으러 갔다 오면서 라면땅 안 사왔다고 울길래 잉크도 살 겸해서 말이다. 오랜만에 자전거를 타니 처음엔 핸들이 잘 안 움직여졌다. 제법 상쾌했다. 시골길을 달리는 기분은 색다른 맛이었다. 그것도 저녁, 어스름이었으니 더욱 그러하다.

  저녁 식사 후 이 집 고양이가 병아리를 한 마리 잽싸게 물어 죽였다. (22시 25분)

밤늦도록 논에 물대느라 떨며 작업

⟨5월 17일. 월⟩

　5시 35분 기상. 여물을 끓였다. 직접 소에게 갖다주었다. 사과나무 비료 주었다. 쇠로 만든 「둥근 연필」 같은 것으로 땅을 뚫고 비료를 그 속에 넣는 작업이다. 이 동네 청년 하나와 함께했다. 손가락 사이가 벗겨지고 마디가 쑤신다. 허리를 지탱해낼 수 없을 정도.

　장엔 두 번 갔다 왔다. 산적된 리어카를 끌고 언덕을 올랐다. 약 5리 길. 시골길이라서 그런지 멀었다. 서 있기에도 다리 근력이 모자랄 지경이다.

　가렵다. 온 전신이 빈대에 물렸는지 지금 이 시간에도 환장하게 가렵다.

　가시가 숱하게 찔려 있다. 이마랑 손등이랑 사정없이 할퀴어졌다.

　밤늦도록 논에 물 대는 것 때문에 떨며 작업했다. 밤눈이 어두워서 혼났다. 좁디좁은 논두렁을 흡사 줄타기 하는 식으로 오갔다.

　지금 열한 시 종이 친다. 5시 35분~11시, 18시간 25분 동안의 노동이었다. 온몸을 가누지 못하겠다. 석유램프 밑의 시계가 감겨 온다. 과연 도시인들 중 이런 시골 일에 일주일을 견딜 자가 몇이나 있을까. 내일은 새벽에 일어나 여물을 끓여야 한다. 지게도 져 봤다. 많은 일이 있었으나 더 이상 쓸 여력이

없다. 입술에도 조개가 일어 엉망이다. 심할 땐 화끈거리며 몹시 괴롭다. 피곤 피곤하다. (23시 05분)

내가 해낼 일이 너무 없다
〈5월 18일. 화〉

 5시 5분 기상. 소여물을 끓였다. 오른쪽 손가락을 데었다. 조금, 벗겨진 손에서 진물이 난다. 빈대 물린 곳이 몹시 가려워서 고통스럽다. 온몸이 쑤시며 말을 안 듣는다. 오늘도 또 신평시장 가서 시멘트 4포대를 리어카에 실어 왔다. 뒤쪽 헛간을 완전히 헐고 새로 짓게 된다. 손마디가 아파서 힘을 줘서 물건을 쥘 수 없다. 밥은 4끼 먹었다. 막걸리도 조금 맛봤다.
 내가 해낼 일이 너무 없다. 주인도 그걸 아는지 힘든 일은 잘 시키지 않고 늘 미안한 듯한 웃음과 함께 거들어줄 것을 부탁하곤 했다. 몸둘 데가 마땅찮아서 안절부절했다. 혼자서 가만 앉아 있기엔 정말 뭣하기 때문이다. 그리고 일을 열심히 가리지 않고 해야 임금을 제대로 받으리라는 생각에서 무엇이고 하고자는 해보았다. 그러나 왠지 자신이 없어서 멀찍이 있기만 했다. 아까 낮엔 정말 못 견뎌낼 것 같았다. 잠이 막 쏟아져 왔다. 오후엔 이 집 아들(초등.1) 공부 가르쳐 달라고 해서 혼자 방에 들어와 숙제랑 시키면서 쉴 수 있었다. 몸이 제대로 움직여 주지 않는다. 좀 더 강해지고 싶을 뿐이다. 짚으로 둘러친 변소엘 처음 갔다. 문이 없었다.

참, 이 집 주인은 어젯밤에 나갔다가 오늘 새벽에 들어왔다. 참 억척스런 양반이다. 조금 전에 누님께 편지하라고 하면서 주소를 가르쳐 주었다. 오늘 아침에 안 그래도 띄웠다고 그래 줬다. 오늘은 세수도 안 했다. 흙발로 그냥 들어와 잘 예정이다.

비가 저녁답엔 제법 왔다. 그래서 오늘은 조금 일을 가볍게 했다. 또 집 대문 짓느라고 모두가 거기에 매여 있은 덕택이기도 하다. 오늘 자고 나면 내일은 몸이 원활히 움직여 줬음 좋겠다. 「A」 생각이 조금 전에 불끈 치솟았다. 그리고 주위의 사람들도. 내일부턴 오늘의 곤란했던 그 많은 시행착오와 무능력을 씻고 능동적으로 일을 찾아 해나가야겠다. (21시 15분)

못견뎌서 떠난다는 것
〈5월 19일. 수〉

소여물 끓였다. 대문 짓는 것을 내내 도우다가 오후엔 적과. 빈대 물린 곳이 많이 부었다. 온몸에 힘이 제대로 가 있는 것 같지 않다. 배겨 내기가 힘들다. 그래서 주인아저씨께 중등교원 시험 준비 때문에 암만해도 도로 가야 될 것 같다고 말씀드렸다. 섭섭하다고 했다. 일을 조금 덜하고 있으라는 것을 사양했다. 그것은 내가 미안해서 안 된다고.

방금 사타구니에 또 무엇이 문다. 사실 이 빈대란 놈 때문에 못 있을 것 같다. 온몸이 찐득찐득하다. 내일은 온양에 들러서 목욕이나 해야겠다. 대중탕엔 빈대에게 물린 자국 때문에 못 가겠다. 애들에게 선물로 샤프펜과 칼을 주었다.

못 견뎌서 떠난다는 것. 의지가 약한 걸까. 확실히 그런가.
아까 낮에 적과할 적엔 「A」생각을 한참 했다. 안타깝고 비참한 기분이 천지에 요동치며 깔리는 것 같았다. 그것은 마침내는 풍요로운 농촌의 오후 풍경으로 귀착된 것이었지만. 그래, 초라한 내가, 무능한 내가 훌륭한 집주인은 될 수 없을 거야. 앞이 막연하게 어두워 온다. 나는 참 청정한 한 그루 대나무같이 그 짙푸른 쓸쓸함같이 세상을 거쳐서 없어지겠다.
요는 능력이다. 그 능력은 나에게 있는 걸까. 자신이 많이 없으며 약간 불안해진다. (22시 40분)

마음만 싱숭생숭…보살핌이 그립다
〈5월 20일. 목〉

신평을 떠났다. 5,000원 받았다. 그냥 덥석 받아쥐고 말았다. 지서에 가서 신고. 약간 껄끄럽긴 했지만, 별수 없는 노릇. 온양에 가서 목욕 1,300원. 너무 비쌌다.

서울 착. 청량리 직업소개소. 여관은 키가 큰 사람은 안 된단다. 그래서 온 곳이 이곳 망우리로 가는 길목. 경기도 양주군 교문리. 맥주홀 금마차의 보조. 도저히 이 짓도 못하겠다. 참 딱한 놈이다. 이처럼 한 곳에 재미 붙이지 못하니 말이다. 제발 오래도록 견뎌냈음 좋겠다. 여러 가지 생각. 집안일이 떠오른다 귀찮다. 마음만 싱숭생숭해지고. 따뜻한 보살핌이 그립다.

하늘아 하늘아. 나는 어쩌면 좋을까. 가정으로 돌아가는 날이 빨리 왔음 싶다. 돈이 조금 모이면 부산엘 내려가야겠다. (21일 02시 40분)

내 의도와 어긋나게 돼 버리다

〈5월 21일~23일. 일〉

홀에서 나왔다. 소개소 가서 다시 다방을 찾아가다가 그만 「S」형께로 갔다. 괜히 마음이 푸근해져 왔다. 같이 「J」형을 만나서 한 잔. 「S」형이 형님께 전화를 해서 형님과 만났다. "이상주의적-"한마디. 엄마는 눈물을 조금 흘렸다. 다음날 「Y」형과 「S」형을 만났다. 이야기했다. 「S」형 어머니께 감사한 나무람도 좀 듣고. 전혀 나의 의도에 어긋나게 되어 버렸다.

두 달간 유보하기로 한다. 두 달간만 한 번 공부만 죽도록 해볼란다. 내가 의도하는 모든 계획과 생활은 두 달 뒤에 다시 만나기로 한다. 미정리라서 좀 맘이 언짢지만 말이다. 기분은 수시로 변하는 것이고 어떤 형태를 취할 것인가 결정지을 기회는 아직 많은 시간과 함께 있다. 두 달간만 한 번 공부에 열중할란다. 고졸 검정쯤을 「Pass」한다면 훨씬 수월할 것 같다. 부산에 내려간다 해도 좀 더 편리할 것 같고 공부를 한다 해도 한 가지는 덜 것 같아서다. 지금 당장 부산에 간다면 있을 곳을 구하기가 곤란할 것 같다. 실패하면, 시험에 떨어지면? 그때 가서 보자. 아무튼 한 번 해보는 거다. 매진하여야겠다. 한 번 해볼란다. 승패는 반반이다. 조금 상이 찌푸려진다.

허황된 우월의식과 오만함
〈5월 27일. 목〉

형이 나에게 '최후통첩'을 알려왔다. 형의 새로운 면을 보았기에 무척 기쁘다. 나는 참 여러 사람에게 미안하고 또 부끄럽다. 나라는 놈이 시(詩)를 쓰려고 하는 것이 시(詩)에 대한 모욕이 아닐까 싶다. 선생이 무척이나 날 잘 봤다고 하면서 자주 학교(學校)에 나가라 한다. 정말 부끄럽다. 나라는 놈은 이렇게도 속물이어서 여러 사람에게 누나 끼치고 또 지지

리도 못난 꼴을 보여주게 되었구나. 생활력도 하나도 없고, 어떤 일을 해도 끝까지 견디지 못하는 이 쓸모없는 성질이 무척 보기 싫다. 한없이 자신(自身)이 꼴 보기 싫다. 제발 딴 사람에게 누를 끼치지 않고 살고 싶다. 가슴이 답답하다. 무엇을 해야 나는 어느 정도 안정될 수 있을까. 공부하는 버릇을 들여야 할 텐데 참 잘 안 된다. 나는 항상 낙(樂)이라는 것을 바래 왔다. 모든 것이 부족하면서 불마스러운 상태—줄곧 그렇게 생각해 온 나의 생각이 한 번 철저하게 뜯어고쳐져야겠다고 생각한다.

 허황된 우월의식과 오만함을 처참하게 반성해야 한다. 완벽한 반성만이 딴 길을 제시해 줄 수 있을 것 같다.

 못난 놈이 그래도 또 「A」를 생각한다. 술을 마셨으면 좋겠다. 부끄럽고 미안하다는 생각으로 진종일 보냈다. 담임 선생님께 가서 말씀드렸다. 무척 호의적으로 대해 줬다. 6월 7일날 나오란다. 내일 부산에 내려가 볼 작정이다.

피를 정제해야겠다
〈5월 28일. 금〉

 환경에 대하여 저녁 무렵에 생각해 보았다. 물론 상대적으로 생각하면 지금 나의 처지를 두고 푸념할 만한 아무런 무엇도 없지만, 나의 환경이 나에게 미치고 있는 여러 가지 난감

한 점을 들춰 보았다. 그렇게 생각하면 내가 나를 제외한 모든 사람에게 끼쳤던 여러 가지 폐가 어쩌면 철저한 투정일지도 모르지만 뻔뻔스럽게 아무렇지도 않은 것으로 보이는 것 같았다. 하지만 안다. 물론 안다.

아무튼 무조건 부끄럽고 미안할 따름이라는 것. 나는 될 수 있는 한 선한 인간-휴머니스트일까-이 되고 싶다. 그러자면 나 하나에 의해서 생기는 모든 일에 대해서는 철저하게 책임을 질 줄 알아야겠지.

피를 정제해야겠다. 가령 그 반작용으로 내 피 하나하나의 충동에까지도 충실해야겠다는 다짐도 생기지 않는 바는 아니지만, 좌우간 운명적(運命的)이랄까 하나의 정해진 아니 자연스런 흐름이랄까. 그런 것에 의하여 내 피는 어느 한도까지는 정제되어야 할 것 같다. 기껏 한 목숨인데 하고 생각하면 '정제'라는 것이 무척 쓸데없는 과정 같기도 하다.

그러고 보면 나는 아직은 철저하게 젊었을까?

나는 나의 허황됨을 그것도 아주 터무니없으며 천하기 짝이 없는 허황됨을 산산이 박살내어 흩어버려야겠다.

젊음은 충동인가 보다. 끝없는 충동의 열띤 함성. 이것으로 젊음은 현상학적 범주이나마 확실하게 파악될 수가 있다. 그래서 나이가 들면 지나친 충동은 이쪽에서 점잖게 사절하는 것일까?

충동은 어떻게 처리해야 옳을까? 충동을 썩힐 수는 없다고 생각한다. 그리고 또한 충동을 충동으로만 해결해 나가는 데도 몇 가지 생각할 점이 있다고 본다. 역시 그러면 이러한 충동은 어찌하여야 할까.

가만히 두고 보면 나의 충동에 의한 행위는 나의 천한 허황됨과 종종 영합하는 것 같다. (충동은 충동대로의 정확한 질서와 법칙 그리고 의미를 가지고 있다.)

사랑을 하면 (구체적으로 「A」를 생각해보자) 그리고 확실성을 줄곧 요구해오는 나의 기질을 만족시키는 성과를 감각할 수 있으면 충동은 어느 정도 절제될 것 같다.

지금 생각 같아서는 잡다하고 너저분한 온갖 충동들이 어느 시선을 느끼면 어느 정도 감멸될 것 같기도 하다. 물론 나는 그런 시선을 느낀 적이 과거도 현재도 없기에 그런 효과가 그대로 성립된다고는 장담할 수 없다. 그런 성과를 획득하고 난 후에도 나의 천한 허황됨이, 그리고 충동이 계속 운동을 할지도 모르기 때문이다. 사랑을 한다는 것은 시선이 하나에로 고착되는 것이다, 시선이 한곳에 고정되고 그래서 다른 곳으로 눈 돌릴 여유가 없어지거나 또 돌리게 될지라도 지금의 이 상태 혹은 이 재미보다는 못하다는 생각이 들게 되며 그것은 곧 안정을 뜻하는 것이다. 안정(安定). 이것처럼 사람을 냉정하게 만드는 데 더없이 좋은 효과를 발휘할 수 있는 것이 있을까?

충동은 불안정에 의하여 더욱 맹렬해진다. 한편 충동은 젊은 사람들에겐 매우 멋있는 결과를 떠올리게 하여 그 충동에 그저 충실해 하는 모양을 볼 수도 있다.

그래 멋있다. 생각해 보면 젊다는 것은 얼마나 신나는 일이냐. 그리고 그 젊은 피에 충실한다는 것-얼마나 흥미진진한 일이냐.

나는 알 수 없다. 아직은 확실히 알 수 없다. 세월은 간혹 어려운 질문을 아주 간명하게 대답해 줄 때가 있다. 그러나 또 문제는 있다. 세월을 그저 보낼 수는 없다는 점이다. 이래서 어려운 것일까?

세상 산다는 것이 참 어렵게 여겨진다. 그러면 그럴수록 많은 연구와 사색이 또한 필요할 것 같다. 어떤 이는 세상살이가 한없이 쉽고 재미가 난다고도 한다. 그러나 나에겐 적어도 아직까진 어렵다. 나의 우유부단한 성격이 몹시 불만스러울 때가 있다. 지금은 나의 머릿속이 혼미해 옴을 느낄 뿐이다. 그러나 계속 생각은 하게 되겠지. 차츰 발전하기를 기원할 뿐이다.

구도자의 입장에 서도록 해 달라
〈5월 29일~6월 6일〉

부산을 다녀왔다. 뜻깊은 날들이었다. 「A」와 연 4일을 만났다. 모든 이야기를 했다. 지금은 제법 홀가분하다. 크게 바라지는 않는다. 차분하게 그리고 간절하게 연애할란다. 생각한다. 어떻게 살까를 생각한다.

　공부(工夫)를 정말 해야겠다. 일단 공부를 해보는 거다. 의대로 갈까 싶다. 「A」도 모(母)도 S형도 모두 그렇게 했으면 좋겠다는 의견(意見)들이다. 이것 역시 생각해봐야겠다. 같이.
　「A」한테서 매일(每日) 편지가 왔으면 좋겠다. 어느 정도 궤도에 오르기까진 말이다. 그러면 한결 힘이 날 것 같다. 사진도 하나 원색으로 있었으면 딱 좋겠다.
　흐!……
　우습기도 하다. 그래 그런가 보다. 아아 이렇게 간명한 일반적 현상, 조용하다. 창밖의 한강은 참 유유히도 흐른다. 저렇게 점잖은 강이 또 있을까.

　담뱉 끊겠다고 했다.
　지독한 고통(苦痛)이다.
　「A」, A… 나는 가난해서 그리고 너무 태만하고 게을렀기에 이런 고통(苦痛)을 당해야 한다.
　하늘이 내 마음을 필시 알고 있을 텐데….
　의식(意識)의 가장 작은 일편(一片)까지라도 일깨워서 구도자의 입장에 서도록 해주십사 하고 부탁드리고 싶다.

후기

그를 한 권의 시집(詩集)으로 남긴다는 것

  그를 한 권의 시집(詩集)으로 남긴다는 것은 우울한 사실이다.

  그가 시를 빼어나게 잘 썼다거나 문학적 재질이 뛰어나서이기보다 남은 자들의 그에 대한 형용할 수 없는 미련이 무엇인가를 간직하고 싶은 이기적 욕망으로 변모시켰고 그의 글을 활자화하기에 이른 것이다.

  타계(他界) 직전의 열렬했던 그의 학구열(學究熱)은 마치 미친 자의 그것 같았다. 다방에서 만났을 때 말을 하면서도 책을 눈에서 떼지 않아 기분까지 상하게 한 일도 많았다. 그런 그가 여기에서 그친다는 것은 너무나 잔인하고 모순된 섭리일 수밖에 없는 것이다. 그 혼자만의 익사도 항상 민중이니 하며 남을 앞세우던 그의 이타주의적(利他主義的)인 의식 때문이었을 것이라는 점은 짐작해 보지 않아도 자명한 일일 것이다.

  불처럼 뜨겁고 진지하게 살다 간 그를 생각하며 작품집 제목을 『불을 느낀다』로 했다.

  그가 그렇게도 하고 싶어 하던 철학수업과 시 공부를 다 하지 못한 채 타계(他界)했다는, 가능성에의 좌절은 모두에게 한(恨)을 남겨준 셈이 되었다.

  끝으로 창현교회 학생들과, 고대 친우들, 부산고 선배 제위와 그를 사랑했던 주위 여러 친구들의 정성 어린 협조로 그의 글은 독백(獨白)만으로 남지 않고 공유(共有)될 수 있었던 점을 밝혀둔다.

  조용히 그의 명복을 빌어본다.

한정수 · 김주영 · 김강석
1979. 7. 31.

Ⅲ

해설

해설

'고통'을 통해 '별'에 이른 시인

1

『불을 느낀다』는 지난 1978년 11월 경기도 대성리 북한강에서 심장마비로 세상을 떠난 남정국이 남긴 작품을 모은 시집이다. 반세기 전에 금쪽같은 시편들을 이 황량한 지상 위에 던져놓고 불의의 사고로 사라진 남정국. 그때 그의 나이 스무 살이 채 안 된다.

필자는 그를 생전에 본 적이 없으나 그의 유고 시편을 읽으며 문득 서산(西山)의 '일생(一生)'에 나오는 팔십년전거시아(八十年前渠是我) 팔십년후아시거(八十年後我是渠)를 떠올린다. 동시대에 같은 공기를 호흡했고, 동시대 역사를 버티며 살아왔으며, 암울한 시대의 강물에 돌멩이 같은 시어(詩語)를 던졌기 때문일까. 그래서인가. 유고집을 넘기기도 전에 『불을 느낀다』는 제목에서부터 깊은 동질감이 배어나온다. 우리는 그 시대 푸른 이마에 새긴 청춘의 나날을 속절없이 보내며, 다른 무엇에 기웃거리지 않고 시를 썼다고 자부하거니와 시대와 역사를 아파하면서 고통과 불면의 나날을 보낸 때문이다.

그의 유고집을 펼치자마자 아(我)와 거(渠)가 다르지 않음을 느낀다. '80년 전에는 저 사람이 나였는데, 팔십년 뒤에는 내가 저 사람이구나'라는 서산(西山)의 일생(一生)처럼 우리의 본마음이 다르지 않음을 이번 시집에서 체감한다. 다시 비유하면 반세기전거시아(半世紀前渠是我) 반세기후아시거(半世紀後我是渠)인 것이다. 반세기 전의 그가 나였는데, 반세기 후에 보니 내가 그 사람이구나. 기억하건대 1978년 겨울 대성리 강변을 필자 또한 시를 쓰며 속절없이 헤맸던 추억이 떠올랐기 때문이다. 아마도 이 같은 연유가 이 시집을 선뜻 받아 읽은 이유가 되기도 하겠다.

이번에 발간되는 시인의 시집에는 선혈 같고 목숨 같은 시 27편(새로 찾은 시 한 편 포함), 그리고 일기, 초고와 메모가 실려 있다. 시인이 이 지상에 남겨놓은 것들이다. 그가 남긴 시를 한 편 한 편 넘기며 읽은 감회는 한 마디로 이 황량한 지상의 동네에서 '고통'을 통해 '별'에 이른 시인이라는 것이다.

'고통'을 통해 '별'에 이른 시인. 그렇게 남정국 시인을 불러야 하며, 이 시집을 읽는 독자들도 그렇게 동감하리라. 더불어 그가 쓴 일기와 초고, 삶의 편린 같은 메모들을 통해 그려보는 형상(形相)의 시인은 삶의 슬프고 쓸쓸한 자화상을 유니크하게 그려냄으로써 우리로 하여금 뿌옇게 흐려지는 안경알처럼 눈앞이 흐려짐을 느끼게 한다. 시인의 깊고 깊은 우물 속 고통의 언어와 생각의 편린들은 저마다 밤하늘의 별이 되어 우물 속으로 내려온 듯 신비롭다. 이 같은 시인의 유니크한 감성과 시어의 울림은 지금 읽어도 전혀 반세기 전의 시인이 썼다고 보기 힘들 정도로 현대적 정신을 모던의 형식과 내용에 담아 시로 빚어낸 융숭한 깊이를 지니고 있다.

시편들을 하나하나 넘길 때마다 갓 스무 살이 채 안 된 시인이 이러한 시어와 울림을 빚어내고 구사할 수 있을까 찬탄이 흘러나온다. 어떤 면에서는 포스트모던까지 갖춘 생각의 깊이를 발견하고 시인은 반세기 전에 반세기를 앞서서, 반세기 앞을 내다보는 예술가적 시인의 풍취를 지녔다고 짐작된다. 무릇 천재란 어느 시대에나 어느 역사에나 존재했음을 상기하면 지나친 일도 아니다.

2

이번 시집은 1978년 그가 세상을 뜬 한 해에 쓴 시가 전체 27편 중 18편에 이른다. 이 중 13편이 그해 4월, 5월에 집중

적으로 쓰였다. 대학 1년, 새봄을 맞은 신록의 계절 5월에 시인은 헐벗고 굶주린 시대의 거울에 비춘 자신의 목마른(?) 영혼을 적나라하게 빈 생의 원고지에 채워나간다.

5월에 쓴 '독백체' 시는 봄날 모든 물상이 새롭게 옷을 갈아입는 날, 시인 자신은 토요일 오후 네 시 희망처럼 피는 꽃과 평화처럼 살랑이는 바람의 안부에도 심심하다고 적는다. 이는 5월의 가뭄, 5월의 목마름을 통찰하며 5월의 위선과 허구와 뜬소문을 직시하기 때문이다. 그럼에도 시어는 일상적이며, 호흡은 정갈하고 차분하다. 그러나 시인은 불편한 엉덩이를 뒤뚱거리며 걷는 거리의 사람들을 바라보며 '수상하다 암만해도 수상하다'라고 토로한다. 이는 5월 신록의 계절에도 '시대와 정신의 5월'을 성찰하는 시인의 내면에서 기인함이 분명하다. 시인은 "그렇구나/ 그렇구나/ 아아 5월의 위선/ 아아 5월의/ 일생의"라고 거듭 5월을 자책한다. 꽃 피고 새 우는 아름다운 계절에 시인은 아픈 몸의 시대를 읽어내고 있는 중이다.

이 같은 '독백체' 제목의 시는 시인이 살던 그해 8월과 9월 각각 1편씩 벗과 '순'이라는 여성에게 헌사하는 시로 이어진다. 스무 살의 시인이 이 지상에서 목숨보다 더 소중히 여겼던 것은 무엇일까. 벗이리라. 또한 사랑하는 사람일 것이다.

이 지상에서 마지막 시편으로 남은 시 두 편이 벗과 '순'이라는 여성에게 전하는 헌사에서 우리는 시인의 인간적 면모

일단을 짐작할 수 있다. 아이러니하게도 벗들에게 전하는 시는 8월에, '순'이에게 보내는 시는 9월에 시차를 두고 쓴 점도 의미가 있다. 독백체의 시는 시인이 세상을 향해 외치는 짧은 자신의 생애에서 가장 마지막에 쓴 유작이 된 점도 시사하는 바가 있다.

사랑하는 사람 '순'이에게 시인은 '불새'가 되고 싶었다고 고백하는 시 '독백체 7'은 '어떤 코뮤니스트의 깃발보다도 더욱더욱 붉게' '활활 타며 날아가는 새' '불같이 붉은 새'가 되고 싶다고 술회한다. 시인은 불새가 되기 위해 온몸으로 허물어지고, 피 흘리고, 자유롭고 싶은 것이라고 거듭 고백한다. 마지막 유작이 된 '독백체 7'은 저 도저한 1960, 1970년대 순수와 참여를 아우른 두 산맥 같은 시인 신동엽과 김수영의 화법이 되살아난 듯한 느낌을 지울 수 없다. 시적 화자의 대상인 '순'이의 대상화를 통해 고백체 형식을 취하면서 화산과 같은 뜨거운 내면을 부드럽고 온화한 서정시 형식으로 풀어나간 내용과 형식은 신동엽과 김수영의 오마주인 듯 스무 살의 시인 남정국이 지금 여기에서 외치고 있는 모습이 눈에 선하다.

그런가 하면 '벗들에게'라는 부제가 달린 '독백체' 시는 '광야에서'의 이육사 시인과 '하늘과 바람과 별과 시'의 윤동주 시인이 만약 1978년 8월 살아있었다면 이처럼 노래했을 법한 우리들의 슬프고 쓸쓸한 자화상 같은 시임을 엿보게 한다.
　벗들아, 나의 벗들아
　새벽같이 달려오는 말발굽 소리가 그리울 때
　내가 나서 자라던 곳의 산과 바다와 함께
　이따금씩 눈에 너울대는 벗들아, 나의 벗들아
　군에 간다는 종서야, 정수야
　비겁하게 시를 쓴다는 강석아
　우리는 이제 뜨겁고 뜨거운 핑계를 하나 가지자
　‥‥‥‥‥
　‥‥‥‥‥
　천둥처럼 우르릉 거리며 달려야 할
　질기고 질겨서 핏줄같이 끊기 힘든
　그런 핑계를 하나씩 가지자

　술은 그냥 마시지 말고
　식어가는 가슴을 위하여
　정당한 분노와 적개심을 키우기 위하여
　캄캄한 신음과 함께 마시도록 하자
　사실 그동안
　우리는 너무 편하게 술을 마셔왔구나
　‥‥‥‥‥
　‥‥‥‥‥

다만 젊었다는 것이
잎새에 이는 조그만 바람에도 괴로워하는 것이라면
우리는 그렇게 살자
그것으로 핑계를 삼아서 캄캄한 신음과 함께 술을 마시면서
우리는 그렇게 살자, 그렇게 살자

'새벽같이 달려오는 말발굽 소리가 그리울 때'와 '천둥처럼 우르릉거리며 달려야 할'에서 광야의 이육사를, '잎새에 이는 조그만 바람에도 괴로워하는 것이라면'에서 '하늘과 바람과 별과 시'의 윤동주를 연상하게 하는 시 '독백체.'

 이 시는 1920년대 이육사와 윤동주의 시정신의 단면을 엿볼 수 있게 해주는 동시에 1960, 1970년대 신동엽과 김수영의 시적 화법에도 자연스레 겹쳐진다. '정당한 분노'와 '적개심' '식어가는 가슴' '캄캄한 신음' 등 1970년대 독재와 분단의 시대를 살았던 당대 젊은 청춘들은 그다음으로 이어지는 1980년대 야만의 시대에도 어디에 마음 둘 곳 없이 절망과 고통 속에서 하루하루를 견디며 나락의 세월을 보내야만 했던 것이다. 시인은 누구보다도 예리한 직관과 통찰로 희망 없는 시대와 역사를 노래한 셈이다.

 이 해 4월에 쓴 시 '춤'은 형식과 내용면에서 가장 완성도가 높은 시일 것으로 추정된다. 4연 33행으로 이루어진 '춤'

전문을 보자.

"멋진 춤을 춰요/ 우린 입때껏/ 너무 헐벗고 굶주렸어요/ 쓰라린 안질(眼疾) 사이로 눈을 떠보면/ 오오 우리들의 세계(世界)라 불리우는 이 세계/ 어디가 처음이고 어디가 끝인지를/ 알 수 없어요 춤을 춰요/ 나의 영혼과 그대의 영혼이/ 회오리바람 돌 듯/ 섞어 돌아 아득한 하늘가로 올라가고파요

오세요/ 그리고 우리 함께 울먹이며/ 잔을 들어요/ 한 떨기 외로운 꽃잎인/ 그대와 나의 몸에/ 가득한 눈물들을/ 흘려 비우기 위해/ 가슴 포개고 춤을 춰요

나를 잊어버려요/ 난 당신을 잊겠어요/ 당신이 내가 되고/ 내가 당신이 되어/ 우리 이젠/ 민족(民族)의 성(姓)을 버려요/ 아아 바람이 불어와요/ 나무가 흔들려요

별빛이 있어요/ 풀들이 일어서요/ 짐승들이 대답을 했어요/ 바스라져요 모두가/ 당신도 그리고 저도 바스라져요/ 행복해요 행복해요"

춤은 몸, 즉 신체를 통해 무언가를 표현하는 예술이다. 사회적 상호작용 또는 표현의 수단이다. 시인은 멋진 춤을 추기를 바란다. 그동안 우리는 너무 헐벗고 굶주렸으므로. 우리가

세계라고 부른 이 세상은 어디가 처음이고 끝인지 그 근원을 알 수 없다. 시인은 그래서 나와 그대의 영혼이 함께 추는 춤을 통해 아득한 하늘가로 이어지는 것을 고대한다.

둘째 연에서 시인은 우리들이 서로 함께 춤을 추기 위해 '오기'를 간청한다. 우리 모두는 한 떨기 외로운 꽃잎이므로. 나와 그대가 눈물을 비우고 가슴을 포개어 춤을 추기를 원한다. 그래야 서로 한 몸이 된다. 셋째 연을 통해 시인은 바람이 불고 나무가 흔들리는 은유를 통해 나와 그대가 씨족의 성을 버리고 함께 잊기 위해 춤을 추자고 말한다. 마지막 연에서 시인은 풀들이 일어서고 별빛이 보이고 짐승들이 응답하는 만물일체의 조응(照應)을 통해 행복감을 맛본다.

춤의 영어 단어인 댄스(dance)는 산스크리트 탄하(Tanha)에서 나왔다. Tanha(탄하)는 '생명의 욕구'를 뜻한다. 그리고 춤에서 도구가 되는 것은 신체인 몸과 정신도 존재한다. 춤은 몸과 정신을 통해 조응(照應)의 세계에 다다른다. 몸과는 달리 정신은 느낌, 인식 등으로 감응되고 전달이 된다. 정신을 통한 춤은 사람에게 감응하며 전달된다. 정신은 실체이기도 하다.

이 시의 울림은 생명의 규칙적인 숨결이며, 영혼의 파동(波動)마저 체험하게 만든다. 춤은 사람들에게 친화와 연대감을 주므로. 어떤 의미에서 춤은 가장 원초적인 인간의 표현 수단이며, 인간의 역사와 함께 살아온 모든 예술의 원형을 이루므로 그렇다.

  같은 해 3월에 쓴, 시집 제목이 된 시 '불을 느낀다'는 '시'와 '불'의 불가분(不可分)의 결기를 느끼게 하는 5행 전문의 짧은 시다. '불을 느낀다'는 시인의 생애를 함축적으로 연상시키는 시이면서 시인만의 개성과 철학을 일별하는 시정신이 올곧게 담겨 있다.

  불을 느낀다 (시에서)
  발끝에서 머리끝까지 (시에서)
  마침내 가슴으로 쳐들어가는 (시에서)
  결심하는 자의 망설임 (시에서)
  그의 광기(狂氣)를 듣는다 (시에서)

  필자는 이처럼 괄호 안에 '시에서'를 후렴처럼 반복해 읽어 본다. 그의 시정신을 체감하는 절정의 순간이다. 절체절명의 언어다.

3

  이번 시집에 실린 나머지 시들은 중고교 시절에 쓴 시편들이다. 아마 중2 때 쓴 시로 추정되는 '시계(視界)'(1973)도 놀랍거니와 고3 때 쓴 '여름 · 하오(下午)'(1977)도 빼어난 수작이다. 시작 연대를 살펴보건대 '시계(視界)'와 '여름 · 하오

(下午)' 사이 그러니까 1974년부터 1976년까지 쓴 6편의 작품들 중 '사랑 타령'(1975)은 매우 주목되는 시다. 같은 해인 이 무렵 '죽음이 오네요' '착란과 이유' '따가운 유월(六月)' 등 모두 4편을 쓴 시기가 아마 고1 때인 것으로 추정된다.

'사랑 타령'은 유고집에 실린 전 작품을 통해 유일하게 산문 형식을 취한다. 그런 연유로 시인의 내면 효흠이 비교적 잘 유추되는 장점을 지녔다.

철들 때부터 나는 무던히도 사랑을 투정해왔는데, 요즘 와서는 잘 익은 호박 껍질마저 여자(女子)의 그것 색깔로 오인하곤 했다. 설움이 북받쳐 오를 때는 가로등에 머리를 맞대고 차라리 입을 꼭 다무는 것이 더 낫다고 여러 번 생각하면서도 아쉬워서, 아쉬워서 한숨을 흘렸다
「여보 나의 배경(背景)이 어찌도 서럽던지…. 나는 또 시온에서 십리나 더 떨어져 나왔다오」
달은 울고 있었다.
왜 이렇게 되어야만 하느냐고 누군가가 외쳤으나, 군중(群衆)은 하늘하늘 주위를 맴돌기만 했다.

그러므로 군중(群衆)은 있으면서 없어진 메아리였고, 나는 구역질날 만큼 그곳이 싫었으나 떠날 만한 독한 마음이 되지 못하였다.

「오! 하나님….」

 정녕 이렇게 새벽녘마다 서글퍼야 한다면 차라리 숨가쁜 태양(太陽) 아래서라도, 온몸을 내놓고 빠알갛게 자결하라.

 사랑 한 줌은 별 게 아니라고… 사랑 한 줌은 별 게 아닌가….

 그래, 여유 없는 생활(生活)을 한 죄(罪)로 난 사랑 한 줌을 놓아 버리자.

 '철들 때부터 나는 무던히도 사랑을 투정해 왔는데'로 시작하는 '사랑 타령'은 다소 관념적인 표현과 구조를 띠고 있으면서도 ~하라, ~하자와 같은 어미처리를 보면 고교 1년생이 쓴 시라고 하기에는 놀라울 정도로 성숙한 작품이다. 더욱이 '잘 익은 호박껍질' 같은 비유나 '설움이 북받쳐 오를 때는' 표현은 당시 고교생이 쓰는 어투로 보기에는 예사롭지 않다. 마치 1920년대 김소월(金素月)이나 1930년대 모더니즘 시인 이상(李箱)의 화법을 연상시키기조차 해 흥미롭다.

 '가로등에 머리를 맞대고' '달은 울고 있었다' 등에서 보여지는 표현의 직, 간접화법 또한 사랑을 소재로 감상적이며 상투적인 시 형식 기법을 벗어난 새로운 시도로 볼 수 있다. 흔히 '사랑 타령' 하면 떠오르는 그만그만한 형식과 기법을 버리고 신선하게 접근한 시적 태도가 엿보인다. '사랑 한 줌은 별 게 아니라는…' 스스로의 위안조차 그래서인지 싱겁지 않고 진지하게 읽혀진다.

 이 시기에 쓴 세 편의 시 '죽음이 오네요' '착란과 이유' '따가운 유월(六月)'에는 사랑과 죽음의 그림자가 어려 있는 시어들이 자못 눈에 띈다. 그만한 나이의 시절에는 누구나 삶과 죽음에 대해 예민하게 생각이 많은 시절이기도 하지만, 시인에게 더욱 삶과 죽음의 정경이 눈앞에 선연히 그려지는 것은 어찌할 수 없었나 보다.

 1973, 1974년 중학생 때 쓴 '나무'와 '시계(視界)'는 미래의 시인을 예견하는 것을 연상시키는 언어의 비상이 돋보이는 시들이다. '약국(藥局) 옆의 어린 것' '내 유년기(幼年期)' '도시민(都市民)의 얼굴' '해변(海邊)의 가장자리' 등 언어를 조합하는 능력이 탁월하다. 개념과 관념의 구분을 넘나들면서, 일상적 시어의 조탁 능력이 이때부터 발아한 듯 보인다. 이렇게 볼 때 시인은 처음부터 '그곳'에서 시를 짓고 있었다는 생각이다. 이번 시집에 새로 찾은 시 '시말서(진정서)' 한 편 속에서도 이를 감지할 수 있기 때문이다.

 시 작품 27편 뒤에 이어지는 초고와 메모는 시인의 시상과 시가 되기 이전의 생각들이 진솔하게 그려져 있다. 어느 문장에서는 시인이 얼마나 시대와 역사를 치열하게 온몸으로 살아내려 노력했는지 엿보인다. 무엇보다도 "모름지기 현대의 문학은 인간의 소외에 대하여 쓰지 않으면 안 된다"라며 인간 해방, 인간 회복의 문학을 꿈꾼 청소년 시절 젊은 시인의 육

성이 피가 맺히듯 서려 있다.

"분노를 축적시켜라. 적개심을 채곡채곡 쌓아두어라. 그리하여 너의 어머님과 누이가 능욕당하고 너의 아비와 할애비가 목짤려 팽개쳐질 때 두어 나라쯤은 그냥 집어삼킬 듯한 해일로 몰아치거라"고 외칠 때 시인은 광야에 선 의인답게 숭고하기조차 하다.

4

책머리에 실린 '깊이 가라앉은 기억을 새삼 불러내며…'를 쓴 남인복 씨는 고(故) 남정국 시인의 가족인 넷째 누나다. 생전에 만난 적 없는 고(故) 남정국 시인의 실존을 시의 독자로 만나게 해준 분인데, 그의 글 속에서 또 다시 시인을 실존으로 만나게 된 두 개의 풍경(?)이 있다. 하나는 시인이 사고로 북한강에서 죽은 뒤 그의 주검이 일주일 후에 물 밖으로 나왔을 때 생전 그대로의 모습이었다는 기억이 표상하는 의미다.

또 다른 하나는 그의 가족들이 북한강을 찾았을 때 그의 사고가 난 지점의 '물을 가리키면서 하는 그 이야기는 참으로 낯설었다'의 낯설음이다. 고 남정국 시인을 떠올릴 때 기이하게도 이 두 개의 풍경이 불쑥 솟아 가슴에 오래도록 남는다. 46년이라는 시간이 흘러 펴내는 『불을 느낀다』 이번 시집을 통해 2024년 5월 지금 여기에서, 고 남정국 시인의 삶과 시 문학을 느끼는 두 가지 감정 속에는 그의 가족이 느끼듯 '낯설음'과 또 다른 면인 '생생함'이 공존한다.

남정국 시인은 "내가 길 떠날 땐 숟가락, 젓가락, 강아지, 봉선화, 요강, 이불, 마누라, 곡괭이, 모두 모두 남겨놓고 그냥 떠날 겁니다"라고 했다. 묘한 '낯설음'과 귀에 쟁쟁 울리는 '생생함'이 담겨 있는 글이다. 시인의 한 생애가 문 뒤로 닫히고, 그의 생애를 관통해 시집이 남았다.

고 남정국 시인은 "시인은 첫째 강제해서라도 몇 편의 동시를 쓸 의무가 있다. 둘째 진실할 것. 셋째 참신할 것. 넷째 첫째 둘째 셋째를 하기 위해 부단히 노력할 것"을 스스로에게 주문하고 주위의 벗들에게도 역설한 바 있다. 그가 얼마나 일생을 통해 진실한 글과 동심을 추구했는지 알 수 있는 부분이다. 그럼에도 시인은 언제나 "어느 싱그러운 여자의 그리움같이 뽀오얀 가슴에 두루두루 마치 봄인 듯 차서 넘치는 순한 햇살을 만지고 싶다"라는 바람을 꿈꾸었다.

이제 시인이 간 지 반세기(半世紀) 만에 펴내는 『불을 느낀다』 시집 맨 뒤에 몇 마디 토를 덧붙이고 술 한 잔을 올린다. 서산(西山)의 일생(一生)에 빗대어 '반세기전거시아(半世紀前渠是我) 반세기후아시거(半世紀後我是渠)'라고 쓰면서 붓을 놓는다.

백학기
(시인 · 영화인)

IV

부기

46년 만의 해후… 뒤늦은 고해성사

남정국과 나는 오만불손하게도 문학이 아니면 아무것도 아니었다. 그것도 중1 때부터 말이다. 그를 문학이라는 늪에 빠뜨리고 죽음에 이르게 한 데는 나의 귀책사유가 상당 부분 있음을 자백한다. 처음 용서를 빈다.

정국을 중1 때 운명적으로 같은 반에서 만났고 그날 주먹다짐으로 안면을 텄다. 선수끼리는 알아보는 법이었을까? 국어 첫 시간 미모의 여선생님은 아무런 말도 없이 윤동주의 '별 헤는 밤'을 분필로 칠판 가득 썼다. 그러고는 20대 그 젊고 아름다운 목소리로 시를 낭송했다.

우리는 정신이 혼미해졌고 그 잔상은 지금까지 선명하게 남았다. 우리는 경쟁적으로 국어 선생님과 문학의 수렁으로 빠져들어 갔다. 내가 트리거를 먼저 당겼다. 문청이던 큰형이 방안 가득 쌓아 놓은 소설책과 시집으로 이미 맛을 보기 시작

한 내가 황동규 등 '평균율' 시집의 시인과 손창섭, 황석영, 정현종 등을 들먹이며 선수를 쳤다. 자극받은 그는 내가 읽기를 포기한 '카라마조프가의 형제들'로 응수했다.

세계문학은 정국이, 한국 현대문학은 주로 내가 탐독하고 서로의 집을 오가며 밤새워 얘기했다. 어린놈들의 미친 짓이었다. 중학 때는 그럼에도 그는 반에서 1, 2등의 성적을 유지했지만 부산고에 '뺑뺑이'로 들어가 같이 문예반에 '입반'하면서 우리는 패망의 길로 접어들게 된다.

시를 제대로 써내지 않으면 이따금 몽둥이 세례를 받던 무지몽매하고 파쇼적인 문예반 분위기에다 유신체제라는 먹구름이 가세하면서 우리는 피폐한 전사가 되어갔다. 더욱이 극악한 입시교육 아래서 현실은 가혹해 그는 가출과 1학년 2학기 때 휴학으로 저항했고 나도 1년 뒤 동조 휴학으로 제도교육과는 결별을 결심했다.

한 해 꿇고 우여곡절 끝에 복학해 만난 김수영은 그와 나를 다시 딜레마에 빠뜨렸다. 정국은 2학년 때 반전을 위해 그의 큰형이 계신 서울의 여의도고로 전학 가면서 각자의 질곡을 헤쳐가기로 했지만 한번 빠져든 문학적 진창은 여전히 그의 발목을 잡았다. 그렇지만 고3 마지막 몇 달은 양심상 교과서를 들지 않을 수 없었고 머리 좋은 가문의 DNA가 작동하면서 그는 고려대에 너끈히 합격했다.

이후 대학 1년 1978년 11월 4일 타계하기까지 그의 문학적 족적은 이 시집에 고스란히 남았다. 그가 문학적 기행(奇行)인 일탈을 위해 집안 사정과 애정 관계 등을 부풀렸다는 혐의가 짙지만 그건 사춘기와 문학, 그리고 시국이 합세하면서 극단적으로 몰아갔기에 벌어진 사단이었다는 점은 자명하다.

그의 타계 직전에 모든 것이 문학으로 특히 시로 수렴하면서 승화되고 있있는데 힌순긴의 사고로 모든 게 물기품이 되고 말았다는 사실은 지금도 애통하다. 한 켤레 구두가 아닌 27편의 시(더 많이 썼지만 찾지 못함)와 아포리즘으로 남은 사내로 그는 여전히 우리 마음속에 살아 있다.

그가 타계한 지 9개월 뒤인 1979년 8월 1일 남정국의 유고 시집 『불을 느낀다』가 출간됐다. 우리를 문예반으로 유인한 뒤 온갖 기행을 일삼게 하고 정작 본인은 미국으로 건너가 언론인이 된 안상호 형 덕분에 시집은 나올 수 있었다.

상호 형은 그가 죽은 뒤 그의 노트에서 시와 메모, 일기 등을 발견했고 이것들과 그동안 교지 등에서 발표했던 시 등을 모두 원고지로 옮겨 적은 것은 물론 모금까지 한 뒤 내게 전달했다. 교지를 내 본 나에게 시집을 내라고 맡겼지만 모금한 돈이 빠듯해 1979년 여름방학 때 부산에 내려가 당시로는 변두리인 김해의 한 작은 인쇄소에서 유고 시집을 어렵사리 펴낼 수 있었다. 유고 문집인 셈이었다.

이번에 정식으로 그의 시집을 내게 된 것은 그의 유고 시집이 분실되거나 너무 낡아 볼 수 없게 된 때문이기는 하지만 무엇보다 수십 년이 지나도 그때 그 나이에 그런 시를 썼다는 사실을 납득할 수 없었고 그는 천재가 아니었을까 하는 의문을 풀기 위해서이다.

이런 의문은 백학기 시인이 애정 어린 시선으로 그의 시편들을 탁월하게 분석해주면서 상당 부분 풀렸다. 아울러 그를 시인으로 추서하는 해원도 누리게 됐다. 이는 남인복 누님이 친구가 유일하게 가지고 있던 그의 시집을 모두 복사한 뒤 이를 워드로 필사하고 편집까지 맡아 동분서주하면서 성사된 것이다. 또한 정국의 고등학교 문예반과 대학 선배로 복학해서 정국을 만났던 이재욱 선배가 그의 시집을 출판하자고 제의하면서 급물살을 타게 된 것이다. 세 분께 깊이 감사드린다.

정국의 사연을 듣고 그의 시편 등을 읽은 뒤 흔쾌히 추천사를 써주신 유성호 한양대 인문대 학장님(문학평론가)과 애석함을 나누며 추천의 글을 보내 주신 정국의 문우 노혜경 시인께도 감사 말씀을 드린다.

1979년 그의 유고 시집을 내기 위해 김해 인쇄소를 같이 다녔던 한정수를 비롯해 6명의 중학 때 절친들은 정국을 시작으로 그의 시에도 언급된 종서와 정수까지 그동안 5명이 세상을 떠났다. 나 혼자 남았다. 정국의 시집을 낸 뒤 나중에 오라는 친구들의 배려인지 모르겠다.

정국아. 친구들과 잘 지내고 있거라. 머지않아 다시 만나서 그동안 못다 쓴 시를 밤새워 이야기하자꾸나.

김강석
(KPI뉴스 · '문학의오늘' 고문)

마지막 여덟 달의 존재 증명

1978~2024. 따지고 보니 46년 전이었다는 사실이 새삼스럽다. 너무 오래 그 시절로 돌아가기를 거부해 왔던 것처럼 비칠는지는 모르겠지만, 솔직히 그 시절로 돌아가야 할 의미를 찾지 못하고 살아왔던 셈이다. 그런데 남정국 시집 『불을 느낀다』를 출간하면서 그의 마지막 여덟 달 동안 가장 가까운 물리적 거리에서 직접 부대꼈던 사람으로 지목되어 1978년 그 시절로 돌아가야 할 핑계를 얻었다고나 할까.

그렇다면 마지막 여덟 달의 존재 증명은 가능할까? 범죄로 살았던 기간이 아니니 '현장 부존재 증명'에 해당하는 '알리바이'는 아니다. 오히려 알리바이와는 반대로 마지막 여덟 달 동안 시인과 함께 만나고 어울렸던 사건과 상호관계에 대한 존재 증명이 필요할 터이다.

46년의 세월 탓이 아니더라도 형편없는 기억력으로 완벽한 존재 증명은 어불성설이다. 얼키설키 모아본 기억의 파편들은 고분에서 깨진 조각들을 발굴하여 이리저리 땜질한 박물관의 토기나 한쪽 귀퉁이의 이빨이 빠진 채 길가에 버려진 막사발처럼 어딘지 모르게 아쉬운 구석이 남는 것은 어쩔 수 없다.

더구나 민망스러운 노릇은 시인 남정국의 생애를 한 부분이나마, 그것도 마지막 부분을 복원한다는 거창한 명분임에도 실은 나의 어지러운 발자취만 더듬게 될 것이라는 점이다.

남정국을 떠올리면 우선 '겅중겅중'이란 표현부터 생각난다. 1978년 3월 말경, 의지가지없이 학교(고려대학교)에서 교양관으로 교양 영어 수업을 들으러 갔을 때, 키가 한 뼘은 더 커 보이는 녀석이 '겅중겅중' 다가와선 대뜸 '당신이 그 사람이냐?'고 물었다. 수업이 시작되기 직전이었는데, 끝나고 기다리라는 말까지 덧붙였던 것은 물론이다.

'의지가지없이'라고 한 데는 까닭이 있다. 1975년 3월 3일 입학하고 한 달이 채 되지 않은 3월 31일에 첫 시위가 있었는데, 며칠 지나자 휴교령을 동반한 긴급조치 7호가 내려지고, 군인들이 교정에 주둔하여 학교에는 출입조차 할 수가 없었다. 그 바람에 휴학계도 제출하지 못한 채 군에 입대해야 했는데, 군 복무 중에 '제적 조치'를 했다고 통보받고는 혼비백산하여 휴가를 나와 '제적 조치'는 복학이 가능하다는 언질을 받기까지 얼마나 가슴을 졸였는지 모른다. 그렇게 꽉 막힌

촌놈이다 보니 1978년 복학했을 때 입학 동기들은 모두 4학년이거나 입대했고, 교양학부 수업 시간에 아는 사람은 있을 턱이 없었다.

그렇게 의지가지없을 때 남정국이 처음으로 찾아와 아는 체를 하는 바람에 얼마나 든든했는지 모른다. 건장한 허우대에다 한 마디, 한 마디에 진심이 느껴지는 말투가 그렇게 반갑고 믿음직스러울 수 없었다. 뿐인가. 모교(부산고등학교) 문예반 아지트였던 학교 앞의 중국집 '치미루'에서 고량주 마셨다는 고등학교 문예반 후배라고 자신을 소개했으니, 교양 영어 수업 끝나자마자 그날 일과를 작파하고 막걸릿집으로 직행했던 것은 불문가지였다.

고등학교 문예반의 인연으로 고대문학회의 문도 작당하여 함께 두드렸다고 기억한다. 모교 문예반 한 해 후배로 입학 동기인 이남호(문학평론가, 고려대 부총장 역임)가 고대문학회에서 굳건하게 자리를 잡고 교지 《고대문화》의 편집장을 맡고 있을 때여서 고대문학회 활동은 정해진 길처럼 받아들여졌다. 특히 남정국은 문과대 인문계열에서 철학과를 지망했고, 나는 철학과 복학생이었으니 그야말로 '아삼륙'의 관계였다고 할 수 있다.

고대문학회의 단골집 '학사주점' 이야기도 빼놓을 수가 없다. 안주라고 해봐야 생두부나 노가리 수준이면 금상첨화이고, 대개는 안주 없이 마시는 강술로 막걸리나 소주가 보통이었다. 오전부터 저녁 느지막할 때까지 언제든 학사주점으로 가면 고대문학회 회원 한두 사람은 만날 수 있었다. 교련 군사훈련을 위해 문무대로 입소하는 바람에 중단되긴 했지만, 두 달 넘도록 하루도 거르지 않는 고주망태였으니 학사주점은 강이실보다 훨씬 가까웠던 셈이다.

굳이 학사주점을 거론한 까닭이 있다. 1978년 봄학기에 나 역시 학사주점을 무대로 진을 치고 마시던 단골 중의 단골이었고, 바늘 가는 데 실 가듯이 남정국도 자주 자리를 지켰다. 학사주점을 지키기는 해도 남정국이 고주망태로 추태를 보이거나 민폐를 끼친 적은 없었다. 선배랍시고 주정뱅이 뒤치다꺼리하느라고 통금 걱정하며 귀가하는 날이 많았지 싶다.

'겅중겅중' 하며 씩씩하게 움직이는 모습은 말할 것도 없거니와 술을 마시더라도 동패들을 챙겨 업어줄망정 남에게 업혀 갈 일은 결단코 용납하지 않았고, 무예 수련이라도 하는 고수처럼 스스로 자신을 다잡았던 기억이 난다. 음주 후유증에 대한 남정국의 표현으로는 '노란 위액이 목구멍으로 올라올 정도로' 마셨다는 말이 전부였던 듯싶다. 그래서인지 나는 남정국을 진심의 호위무사나 보호자처럼 의지하고 지냈다고 해도 과언이 아니었다.

고등학교 문예반 선후배라는 인연에서 비롯하여 고대문학

회에 함께 속해 있으면서도 작품에 대해 서로 의견을 나누지는 않았다. 문학 또는 시를 두고 속내를 털어놓은 적도 없다. 『불을 느낀다』에 실린 작품들의 상당수가 1978년에 씌어졌다는 사실로 미뤄볼 때, 남정국이 씩씩한 겉모습과는 다르게 자기 작품을 남들에게 내보이는 행위를 자못 쑥스러워하지 않았을까 하는 생각이 들기도 한다. 그 부분에서는 내 책임도 크다. 군에 가기 전의 습작들로 문학회 활동을 메꾸면서 술 마시기에만 급급했다고 할 수 있으니까.

  매주 금요일에 합평회가 열렸는데, 언젠가 남정국의 작품이 도마 위에 올랐다. 어떤 작품이었는지 내용은 떠오르지 않고 시어(詩語)에 대해 설왕설래했던 기억이 난다. 팬티냐, 빤스냐, 빤쯔냐를 두고 서로 실랑이를 벌였는데, 남정국은 '빤쯔'가 맞는다고 거듭 주장했다. 그 근거로 해운대나 광안리 바닷가에서 사제 내복을 입고 해수욕하는 악동(惡童)들을 보면 알 수 있다는 기발한(?) 고집에는 아무도 당할 재간이 없었다. 사실 나 역시 여름이면 거의 발가벗다시피 강물에서 보내던 하동(河童)의 경험이 있는지라 남정국의 주장에 박수를 치기도 했다.

  남정국과의 긴밀한 동행이 다소 느슨해진 것은 문무대 입소 이후부터였다. 문무대 훈련을 다녀온 뒤로 곧장 여름방학이 되기도 했지만, 방학이 끝나 가을 학기가 시작된 다음부터는 남정국의 거동이 눈에 띄게 달라졌다. 고대문학회에 발길이 뜸해지면서 어딘지 '공부'를 하러 다닌다는 이야기가 들렸다. 당시만 해도 조금 행동이 수상(?)하거나 사회과학 서클 근처에 얼쩡거리면 굳이 아는 체하지 않고 눈 감아 주는 분위기였다. 이념 서클의 '공부(Study)'가 유행하던 참이었고, 알게 모르게 응원하는 분위기이기도 했다.

남정국이 대성리로 엠티를 가서 사고를 당한 날은 고대문학회의 시화전이 끝난 다음 날이었다. 남정국은 해마다 열리는 시화전에 작품을 내놓지도 않았다. 11월 3일 시화전은 막을 내렸고, 뒤풀이를 위해 우이동에서 밤새 소란을 피우는 바람에 고대문학회 회원들 여럿이 북부경찰서로 연행되어 다음 날 학생처에서 인수하러 오는 등 한바탕 활극을 벌이고 있을 때 사고 소식을 들었다.

그리고 주검을 뒤따랐던 과정들이 건성으로 느껴지는 까닭은 남정국을 기억으로부터 망각의 감옥으로 유폐하기 위한 일련의 가식이 아니었을까 하는 생각이 들기 때문이다. 굳이 스스로 도망치려고 몸부림치지 않더라도 이렇게 『불을 느낀다』라는 시집으로 부활하는 모습을 보게 마련이다. 비록 46년이란 시공을 건너뛸지라도.

이재욱
(문학뉴스 대표)

국이와 그 친구들에게

짧은 낮잠 끝 무렵이었다. 흔들리는 듯한 느낌이 왔다. 탁자에 놓아둔 전화기 울림이었다. 새 전화기는 침묵 모드에서도 그 힘을 주체하지 못했다. 전화로 국이(남정국)의 유고집 재발간 계획을 들었다. 아득하고, 멍했다. 낮잠 뒤끝이었으니까.

지진이 잦은 캘리포니아는 나무로 집을 짓는다. 나무 집이 안전에 오히려 좋다. 지진이 나면 나무처럼 흔들리기 때문이다. 가끔 스스로 소리를 내기도 한다. '마루 닥터'를 불러 소리날 만한 곳들을 찾아 탕탕 두들겨 주면 좀 낫다. 이런 일을 겪으며 오래된 2층 목조에 살다 보면 나무는 죽어서도 산다는 생각을 하게 된다.

멀지 않은 곳에 3,000미터 좀 넘는 산이 있다. 이 산은 거의 혼자 간다. 몇 명이 가면 그 몇 명 속에 또 갇히게 되기 때문이다. 혼자면 모든 것에 열려 있게 된다. 이런 산행 때 친구들이 찾아와 준다. 먼저 떠나 별 사이에 먼지 하나로 떠돌고 있을지 모를 친구들을 만나는 것이다. 죽어서도 살아 집이 된 나무 같은 이들이다. 국이는 그런 나무 중 한 그루다. 강에서 보낸 그를 산에서 다시 본다. 우리는 여러 이야기를 나눴다. "그렇지 국아, 그렇겠지?"라는 말이 때로 입 밖에 나와 피식 웃기도 한다. 다행히 산길이다. 듣는 귀가 없다.

우리는 그리 길지 않게 만났다. 1974년인가에 처음 본 후 1978년 가을에 갔으니까. 1년간 바짝 만났고, 서울로 온 후에는 한 2년 집으로 가끔 찾아왔다. 문예반 후배였다. 고교 시절 부산 초량2동 하숙집에 자주 오던 친구들은 젓가락 짝처럼 붙어 다니던 후배 김강석과 남정국을 '석이' '국이'라고 붙여서 많이 불렀다. 58 개띠들이었다. 둘에게 맡기면 무슨 일이든 믿을 수 있었다. 국이는 상대적으로 더 에너지가 넘쳤고, 석이는 상대적으로 더 신중했다.

여러 후배 중에 심하게 편협되게 두 사람과 가깝게 지냈다. 지나고 나니 다른 후배들에게 퍽 미안한 일이 됐다. 그때는 주위를 돌아보고 남을 배려할 능력이 거세된 때였다고 생각하고 양해 바란다. 모두 저 하나 감당하기에도 한참 버겁던 시절이었으니까. 생각하면 그 말고도 미안할 일만 줄줄이 늘어놓았던 때였다.

유고집 원고는 우리가 늘 보던 그 무렵 전후에 쓰인 것들이다. 하긴 그 한참 후에는 쓸 시간도 없었지만. 그때 읽은 기억이 아직 뚜렷한 것이 많다. 그 시절 우리 중 일부는 시를 쓰기도 했으나 시에 진력하지는 않았다. 시보다 더 깨소금 같은 즉물적인 일들을 많이 만들어 했기 때문이다. 그래서인지 '시인 남정국'은 상상이 어렵다. 대신 엉뚱한 곳에서 그를 생각하곤 했다.

10년의 차를 두고 자리에 올랐던 두 전직 대통령 시절, 아는 이름들이 한국 뉴스에 나오곤 했다. 그럴 때 이상하게 국이가 떠올랐다. 그가 있다면 아마 그 속에 있지 않았을까 하는 생각을 했다. 같은 생각을 여러 번 하다 보니 나중에는 무슨 확신처럼 되었다. 그의 됨됨이와 능력, 특유의 친화력과 활력 등을 알기 때문에 그랬을 것이다.

마지막 1년, 대학 때는 드문드문 봤다. '소년 남정국'이 '청년 남정국'이 되어가던 시기였다. 감성의 문학소년에서 고민하는 청년으로 변하는 모습이 엿보였다. 그쪽 공부에 심취해 갔던 걸로 기억된다. 그 시절, 그 길은 옳고 바른 길이었다. 들어서면 빠져나오기 힘들었고, 저버려서는 안 될 소명 같은 길이기도 했다.

집을 옮긴 뒤 미처 그에게 알리지 못한 적이 있다. 두어 달 뒤 불쑥 이사한 집에 그가 들어섰다. 전에 살던 집에 갔다가 근처로 이사했다는 이야기를 듣고 동네 쌀집을 찾아갔단다. 이사해도 쌀 대 먹는 집은 바꾸지 않았을 것으로 생각했다고 한다. 살아 보니 기자는 물론, 다른 분야에도 긴요한 능력이었다.

그는 고교 때 잠시 가출한 적이 있다. 반복되는 생활이 지겨웠다고 했던 것 같다. 수소문해서 찾아오신 국이 어머니를 처음 뵌 것도 그때였다. 돌아온 후 신나게 가출 뒷이야기를 풀어 놓았다. 머슴을 살았다고 했다. 충북 음성인가, 어딘가를 걷는데 배가 고파 농사일을 도와주고 밥을 얻어먹었다고 했다. 그 덩치에, 그 붙임성에, 서글서글 인상도 좋으니 잡아 놓고 싶었을지 모른다. 그집에 따라가 며칠 묵으며 농사 일을 했다. 참한 딸이 있었다면 내심 사위감으로 점 찍지 않았을까 생각했다.

예비군 사격장이 있던 갈현동 고개를 넘어 경기도 고양의 들판을 걸은 적이 있다. 그날따라 얼굴을 찡그리고 약간 절뚝이며 따라왔다. 새 구두를 처음 신은 날이었다. 그러나 마나 오랜만에 나온 논두렁 길이어서 꽤 걸었다. 집에 와 신을 벗으니 발뒤꿈치인가가 빨갛게 까져 있었다. 생각 이상이었다. 그런 발을 하고도 누구와 함께였으므로 오래 걸었다, 혹은 걸어줬다? 아무나 갖기 힘든 능력이라는 생각을 했었다.

1978년 가을 그날. 국이는 대성리 앞 북한강에 일주일인가 방치돼 있었다. 강변에서 그를 기다리며 국이 아버님과 부드러우나 강한 완력을 숨기고 있는 물의 마력과 힘에 대해 이야기했다. 아버님에게서 단단한 나무 같은 느낌을 받았다. 얼굴

이 까맣게 탔던 형(남정헌)은 스스로를 패잔병이라고 했다. 멍하니 강물을 바라보던 그 모습을, 나는 옆에서 또 멍하니 지켜봤다.

강에 가라앉아 있던 국이는 고려대 스킨스쿠버 팀이 건져 올렸다. 현장에서 사망 확인을 받은 그를 앰뷸런스로 서울의 병원으로 옮겼다. 차는 흔들렸다. 앰뷸런스가 덜컹거릴 때마다 그의 다리를 부여잡았다. 다치는 것이 싫었다. 전쟁에서 숨진 전우를 죽음을 무릅쓰고 끌고 오는 동료 병사의 마음을 비로소 알 수 있었다.

우리는 놀지 않아야 했을 때 심하게 같이 놀았다. 한 일에는 적합한 후유증이 따랐다. 공정하고 자연스러웠다. 누구는 휴학하고, 누구는 다른 학교로 옮겨 가고, 식구들이 법과 대학쯤을 가리라 기대했을 친구는 낮춰 다른 데로 가고, 어떤 이는 서울로 올라와 대학 대신 종로 인근 학원가를 기웃거렸다. 입시 학원은 그때도 성업이어서 '명문학원'은 시험도 치고, 출신 학교를 훑어본 뒤 '입원 우선권'을 주기도 했다.

친구 중에는 그 후 50년간 보지 못한 이도 있다. 누구는 교수, 누구는 모교 교장님, 드라마PD, 기자 등으로 일하다 은퇴한 것은 알지만 다른 친구는 어디서, 무슨 일을 하며 살았는지, 혹은 아직 살아나 있는지 모른다. 미국 이주한 뒤 40년간은 얼굴 못 본 사람이 대부분이다. 누구의 근황을 안다는 것은 극히 예외적인 일인데, 남정국은 늘 예외에 속해 있다. 그는 같이 나이를 먹어 왔다. 그의 근황은 내가 만들기 나름이었다.

그에게 마음의 빚이 크다. 처음 안 때부터, 떠날 때까지 정도 이상의 우정을 나눠줬다. 부끄러운 구석이 다른 누구에 비할 바 없음에도 선배라는 인연 하나로 거의 늘 지지를 보내줬다. 고마운 일이나 미안하고, 부끄럽다는 생각이 들 때가 있다.

늙는 것도 처음 하는 일이어서 잘하기가 쉽지 않다. 문득문득 잘 늙어야지 생각한다. 이 나이면 국이도 같이 늙어갈 때다. 보통 같으면 은퇴했거나 은퇴를 생각할 무렵이기도 할 것이다. 그를 잘 늙게 하려면 우선 내가 잘 늙어야 한다. 내 늙음의 경험 이상 그를 상상할 능력이 없기 때문이다. 그는 물론 나보다는 더 당당하게, 더 훌륭하게 지난 세월을 살아냈을 게 확실하지만-.

우리가 같이 보냈던 그때 이후 그는 98% 시를 쓰지 않았으리라 생각한다. 시보다 시급한 일이 많지 않던가? 싸워나가야 할 것에 비해 시는 너무 은유이거나, 너무 비현실이거나, 무엇보다 그에게는 시 말고 다른 여러 재질이 있었다. 그러다 지금쯤 다시 시 쪽에 돌아앉거나, 다가와 있었을 것이라는 생각을 한다. 많은 한때의 문청들이 그런 것처럼. 이 무렵 그의 유고집 재발간 소식을 듣는다. 그를 가장 마음 깊이 묻고 있었을 그의 막내누이(남인복)가 시작하고, 그를 아파하는 이들이 돕는 것으로 안다.

  국이 아버님도, 어머님도, 형도 이미 예전에 가셨다. 멸망에서 잠시 다니러 온 우리도 곧 멸망으로 돌아갈 것이다. 이런 췌사는 덧없다. 그렇지? 국아, 그렇지 않니?

안상호
(한국일보 미주본사 논설위원)

불을 느낀다

초판 1쇄 발행 2024년 7월 15일

지은이 남정국
펴낸이 주식회사 엠엔넷(이재욱)
펴낸곳 엠엔북스
표지디자인 스토니 강
본문디자인 최남식

ⓒ 남인복, 2024

등록일 2024년 5월 24일
등록번호 종로구 2024-000068호
주소 서울 종로구 새문안로 3길 12(신문로빌딩) B26-2
전화 02-3144-2525
이메일 home@munhaknews.com
팩스 02-2237-3389

유통·마케팅 (주)새로운사람들 02-2237-3301

ISBN 979-11-987983-0-5 (03810)